文部科学省教科調査官
国立教育政策研究所総括研究官
長田 徹
［監修］

# カリキュラム・マネジメントに挑む

教科を横断するキャリア教育、教科と往還する特別活動を柱にPDCAを！

図書文化

# 目次

## PART 1



## 特別寄稿



## PART 2

### 芙蓉校の挑戦！ －教科横断的な資質・能力の育成－

## PART 3

# 全国のさまざまな挑戦！

# PART 1

# カリキュラム・マネジメントに挑む

文部科学省 初等中等教育局 教育課程課 教科調査官
国立教育政策研究所 生徒指導・進路指導研究センター 総括研究官
**長田　徹**

# 1 カリキュラム・マネジメントに挑む

長田　徹

## ①カリキュラム・マネジメントの誤解

新たな学習指導要領には，カリキュラム・マネジメントの必要性が明記されています。

カリキュラム・マネジメントの言葉の響きが，管理職が行う学校経営のようなものという誤解を招いていないでしょうか。

私は，小学校から高等学校までのキャリア教育，中学校，高等学校の特別活動の担当として多くの学校でお世話になっています。教科書のないキャリア教育や特別活動，学校教育全体で行うべきとされているキャリア教育と，教科等の土台となり，教科科目等と往還の関係にある特別活動の充実には，カリキュラム・マネジメントは欠かせないと日ごろから訴えてきました。

もちろん，工夫された事例にも多く触れることができています。

本書においては，その工夫された魅力ある事例を紹介して，カリキュラム・マネジメントの誤解を払拭できればという思いで，監修を担当させていただきました。

**中学校学習指導要領　第1章総則　第1　中学校教育の基本と教育課程の役割**

4　各学校においては，生徒や学校，地域の実態を適切に把握し，教育の目的や目標の実現に必要な教育の内容等を教科等横断的な視点で組み立てていくこと，教育課程の実施状況を評価してその改善を図っていくこと，教育課程の実施に必要な人的又は物的な体制を確保するとともにその改善を図っていくことなどを通して，教育課程に基づき組織的かつ計画的に各学校の教育活動の質の向上を図っていくこと（以下「カリキュラム・マネジメント」という。）に努めるものとする。

新たな中学校学習指導要領の総則に記されたカリキュラム・マネジメントで

す。

教科横断で，学年や校種を縦断して，児童生徒の資質・能力を育むためには，すべての教職員が足並みをそろえて取り組むための道しるべである，年間指導計画の作成を核としたカリキュラム・マネジメントが求められるということです。

平成28年12月21日に手交された中央教育審議会答申には，（カリキュラム・マネジメントの重要性）として以下のように示しています。

① 各教科等の教育内容を相互の関係で捉え，学校教育目標を踏まえた教科等横断的な視点で，その目標の達成に必要な教育の内容を組織的に配列していくこと。
② 教育内容の質の向上に向けて，子供たちの姿や地域の現状等に関する調査や各種データ等に基づき，教育課程を編成し，実施し，評価して改善を図る一連のＰＤＣＡサイクルを確立すること。
③ 教育内容と，教育活動に必要な人的・物的資源等を，地域等の外部の資源も含めて活用しながら効果的に組み合わせること。

PART２・３では，工夫されたカリキュラム・マネジメントの事例を「教科横断」「編成，実施，評価，改善（PDCA）」「開かれた教育課程」などの視点で整理していただいています。

特に，「子供たちの姿や地域の現状等に関する調査や各種データ等に基づき」については，その具体例を紹介いただいています。

## ❷すべての教職員で取り組むカリキュラム・マネジメント

平成28年12月21日に手交された中央教育審議会答申で，すべての教職員で創り上げる各学校の特色として整理された文章を確認してみましょう（下線は筆者）。

「カリキュラム・マネジメント」の実現に向けては，校長又は園長を中心としつつ，教科等の縦割りや学年を越えて，学校全体で取り組んでいくことができるよう，学校の組織や経営の見直しを図る必要がある。そのためには，管理職のみならず全ての教職員が「カリキュラム・マネジメント」の必要性を理解し，日々の授業等についても，教育課程全体の中での位置付けを意識しながら取り組む必要がある。また，学習指導要領等の趣旨や枠組みを生かしながら，各学校の地域の実情や子供たちの姿等と指導内容を見比べ，関連付けながら，効果的な年間指導計画等の在り方や，授業時間や週時程の在り方等について，校内研修等を通じて研究を重ねていくことも重要である。

このように，「カリキュラム・マネジメント」は，全ての教職員が参加することによって，学校の特色を創り上げていく営みである。このことを学校内外の教職員や関係者の役割分担と連携の観点で捉えれば，管理職や教務主任のみならず，生徒指導主事や進路指導主事なども含めたすべての教職員が，教育課程を軸に自らや学校の役割に関する認識を共有し，それぞれの校務分掌の意義を子供たちの資質・能力の育成という観点から捉え直すことにもつながる。

このように，カリキュラム・マネジメントとは「学校全体」「すべての教職員」で取り組むものなのです。教育課程を軸に各校の役割や保護者や地域からの期待等の認識を共有して，児童生徒に身につけさせたい資質・能力に向けて教職員がそれぞれの立場や校務分掌で何にどう取り組むのかを明らかにするとともに，足並みを揃えて実践していくことを求めているのです。

「開かれた教育課程」の観点でカリキュラム・マネジメントを平成28年12月21日に手交された中央教育審議会答申を以下のようにまとめています（下線は筆者）。

また，家庭・地域とも子供たちにどのような資質・能力を育むかという目標を共有し，学校内外の多様な教育活動がその目標の実現の観点からどのような役割を果たせるのかという視点を持つことも重要になる。そのため，園長・校長がリーダーシップを発揮し，地域と対話し，地域で育まれた文化や子供たちの姿を捉えながら，地域とともにある学校として何を大事にしていくべきかという視点を定め，学校教育目標や育成を目指す資質・能力，学校のグランドデザイン等として学校の特色を示し，教職員や家庭・地域の意識や取組の方向性を共有していくことが重要である。

「家庭・地域とも子供たちにどのような資質・能力を育むかという目標を共有する」ということは，決して容易いことではありません。

児童生徒の実態（現状）を客観的に捉え，そこをスタートにめざすべき資質・能力であるゴールを設定する必要があります。それもゴールを共有するということは，それ自体がわかりやすいものであり，かつ，十分な説明も求められます。

また，ゴールに向けてどんなコースや方法を採るのか，いわゆる全体計画や年間指導計画の作成も急務です。そして，評価も。

まずは，各校のカリキュラム・マネジメントの特徴を整理してみましょう。

## ③横浜市立中川西中学校の実践に学ぶ

横浜市立中川西中学校（以下：中川西中）では「自立・貢献」を題名とする校長だよりが発刊されていました。校長先生自らが校内を隈なく回り，生徒の様子や教職員のがんばりをていねいにまとめるのです。「○○先生の授業は□□の工夫がされていて……」と教職員の仕事に校長先生が意味づけ，意義づけをして，生き生きと活動する姿が写真となって紙面に躍ります。多忙感，閉塞感のある学校現場だからこそ，こういった細やかな配慮が生きてきます。

また，原稿の中にも紹介されていますが「私たち公立中学校の教員の仕事とはいったい何か？」をすべての教職員と語り合ったり，特別支援室の設置や図書室の改良など，すべての生徒がそれぞれの学び方で学べる場を準備したりと，その取り組みには次々と視察が訪れるようになりました。

当時の平川校長先生は，民間企業での就業経験を生かして校長職に就いた通称「民間人校長」でした。「民間人校長」というと費用対効果に象徴されるような企業経営の考え方が学校に導入されるのではないかと身構える方もいらっしゃるのではないでしょうか。

しかし，平川校長先生は前述のような積み重ねによって校内の足並みをそろえるということに成功するのです。

中川西中の原稿は「KKD（勘，経験，度胸）の学習・生徒指導からの脱却を！」という副題が付いていますが，これも教職員の多忙感，閉塞感を何とかしたいという発想からきています。客観的資料を活用することによって，これまでの経験や方針に裏打ちを与え，根拠と自信をもって生徒や保護者と向き合ってほしいと。

原稿は，教職員が「チーム学校」として一枚岩になる学校風土の醸成がカリキュラム・マネジメントの基盤となることを強調して結ばれています。

## ④佐賀市立小中一貫校芙蓉校の実践に学ぶ

佐賀市立小中一貫校芙蓉校（以下：芙蓉校）は，平成27年度から２年間にわたって佐賀県教育委員会および佐賀市教育委員会のキャリア教育指定校，国立教育政策研究所の教育課程研究指定校となり，原稿のような成果を上げていただきました。

指定のスタートに当たって，芙蓉校に意識していただいたことは「研究のための取り組みにしない」ということ。換言すれば「芙蓉校の児童生徒にしてあげたいことを研究にする」ということでした。

一般的に「特別活動やキャリア教育の評価は難しい」という声を聞きます

が，評価自体に難点があるというよりも，目標設定にその原因があるケースが見られます。目標そのものが抽象的であったり，総花的であったりすることはもちろん，目標設定の前提である現状把握が不十分なこともあります。

そこで，芙蓉校にはていねいな児童生徒の現状把握をお願いいたしました。研究のスタートで大変なご苦労があっただろうと推測されますが，その甲斐あってか，以降のPDCAサイクルでは大きな障害は見られませんでした。

目標（身につけさせたい資質・能力）の設定以後，それに向けた具体的な方策は，それまでも芙蓉校で大事にされてきた「芙蓉校メソッド」の見直しで十分対応できました。おそらく，芙蓉校では負担感や違和感なく教科横断での取り組みが始まったはずです。

一方，留意点もありました。それは，方策である「芙蓉校メソッド」を使うことが目的化してしまわないかということです。この点については，教務主任や研究主任の声がけや，この方策を使うのはどの資質・能力を育むためなのか，そして授業中のどの場面で使うことにより，いっそう教育効果を高められるのかを授業者がメモした略案が，大きな役割を果たしました。

目標に向けて教科横断，学年（校種）縦断でキャリア教育に取り組むなかで，芙蓉校では児童生徒が自ら学びを横と縦につなぐことの重要性に気づきました。そこで，行事と日常生活，教科の学びと特別活動をつなぐ，通称「エピソード記録」，「ライフチャート」と呼ばれるツールの開発が始まりました。これについても，ツールを使うことが目的化しないように十分留意しつつ，活用が進んでいきますが，気づくと「特別活動を要としつつ各教科等の特質に応じたキャリア教育」に至っていたのです。

また，施設一体型の小中一貫校である利点を生かして，児童生徒が記録したFuyo夢アンケートやワークシート，作文等を蓄積し，9年間持ち上がることとしました。いわゆる，キャリア・パスポートが先行的に取り組まれた形となりました。

**中学校学習指導要領　第１章総則　第４　生徒の発達の支援**
１（3）生徒が，学ぶことと自己の将来とのつながりを見通しながら，社会的・職業的自立に向けて必要な基盤となる資質・能力を身につけていくことができるよう，特別活動を要としつつ各教科等の特質に応じて，キャリア教育の充実を図ること。その中で，生徒が自らの生き方を考え主体的に進路を選択することができるよう，学校の教育活動全体を通じ，組織的かつ計画的な進路指導を行うこと。

指定を終えるに当たって，当時の牟田校長先生が以下のように感想を述べました。

最近ですよ。うちの先生方から「キャリア教育に取り組んできてよかった」という声がチラホラ聞こえてきたのですよ。「これもやってみたい」「こうしたらもっとよくなるのではないか」と。　校長として涙が出る思いです。素晴らしいスタッフに会えて（涙）感謝です。

## ⑤八幡平市立寺田小学校の実践に学ぶ

八幡平市立寺田小学校（以下：寺田小）の取り組みを拝見して思い出したことがあります。「目標設定はSMARTに」と呼ばれる，欧米のビジネス界ではかつてより使われている目標設定のポイントです。

◆ポイント１：Specific（具体的に）
◆ポイント２：Measurable（測定可能な）
◆ポイント３：Achievable（達成可能な）
◆ポイント４：Related（目標に関連した）
◆ポイント５：Time-bound（期限がある）

原稿中，寺田小の当時の佐藤校長先生がデービット・アトキンソン（2015）による日米企業風土の比較を紹介されていますが，共通するのは客観的エビデンスに基づいたPDCAサイクルの実現ということでしょう。寺田小は「学校経営に科学の視点を」取り入れ，そのうえで，具体的な取り組みにおいては焦点化や優先順位を大事にされています。

児童生徒を目の前にすると，どうしても目標設定も具体的な対策も総花的になりがちなもの。「○○は不要」とは決めにくいので一般型，抽象型になってしまいます。しかし，目標も対策もハサミで切り分けるようなことはできないもので，それぞれは密接にかかわり合っていることが圧倒的に多いのです。だからこそ，焦点化や重点化することは他を捨てることではないのです。むしろ，めざすべきゴールや対策を明確にすることによって効果は大きくなるものです。

また，CAPDサイクルを年間何度回すべきか議論されるところですが，次年度に生かすというのではなく，即時改善するという方針から年間２度のサイクルとするなど，他校の参考となるカリキュラム・マネジメントの姿を見せていただきました。

## ❻須崎市立須崎南小中学校の実践に学ぶ

須崎市立須崎南小中学校（以下：須崎南小中）の防災教育を柱にしたカリキュラム・マネジメントの肝は“切迫感”を生かしていることでしょう。

内陸部から車を走らせ，トンネルを抜けると海が一面に広がり，山の迫る狭い海岸沿いにへばり付くように建つ須崎南小中。誰が見ても災害が心配になるこの状況に正面から向き合い，児童生徒のみならず，地域の幼児から高齢者までを学校教育が巻き込む形で防災教育に取り組んでいます。

多様な人材を巻き込み，学校教育に力を貸していただくからこそ，客観的な資料に基づく目標設定と評価改善は不可欠という考え方を大事にしています。

教育内容と，教育活動に必要な人的・物的資源等を，地域等の外部の資源も含めて活用しながら効果的に組み合わせること。

普段は教育にかかわりのない地域の方，企業や行政の職員にも共有したいと。この活動が何をめざしていて，児童生徒は何に向かって努力していて，どのように成長したのか，防災教育に参加する多様な人々が理解できるようにエビデンスを求めて毎年調査に取り組んでいます。

教育内容の質の向上に向けて，子供たちの姿や地域の現状等に関する調査や各種データ等に基づき，教育課程を編成し，実施し，評価して改善を図る一連のPDCAサイクルを確立すること。

須崎南小中の児童生徒は防災教育を通じて，地域に育まれた自信と誰かの役に立つという自己有用感をつかんで，あの校舎を巣立つことは間違いありません。

## ⑦佐賀市立川副中学校の実践に学ぶ

各教科等の教育内容を相互の関係で捉え，学校教育目標を踏まえた教科等横断的な視点で，その目標の達成に必要な教育の内容を組織的に配列していくこと。

佐賀市立川副中学校（以下：川副中）の校長室で池之上校長先生と目を細めて拝見した資料があります。通称「テスト学習マイプラン自己評価」と「テスト結果個人累計システム」といいます。

池之上校長先生は，「この子は○○の状況からこんなに成長しているのです」，「この生徒は□□の経験をして，目標をもってからこんな変容をみせたのです」と全校生徒の資料を並べて，嬉しそうにお話しくださいました。また，思うように成長が見られない生徒の資料を見ては，担任や生徒本人の立場になって，悔しがったり，心配したりと。

こんなやり取りを全教員としているというのです。

長い校長経験をお持ちの池之上先生は，当面する問題行動への対応だけでは生徒のキャリア形成や将来的な改善が見込めないと，次の方針を明確にしています。

●生徒個々の状況を多面的に分析し生徒理解を深める。

●組織的・継続的な対策を重点化し共有を図る。

●分析・検証・改善する実証的な取り組みを策定する。

特に，問題行動等の課題を抱える生徒のほとんどが学習不適応の状況にあることを把握し，全教職員体制で生徒の主体的な学びを支えていることは，生徒指導の視点からも参考になるのではないでしょうか。

また，教科横断，小中連携，ＰＤＣＡサイクルの確立，家庭との協働という視点で川副中の取り組みを見れば，カリキュラム・マネジメントの好事例ともいえます。

結びに，生徒指導と学力の関係を真正面から捉え，全教職員体制で取り組む本実践には，管理職の確かなリーダーシップと細やかなフォローがあることを補足します。

特別寄稿

# 客観的資料を生かしたカリキュラム・マネジメント
## －KKD(勘,経験,度胸)の学習・生徒指導からの脱却を！－

平川　理恵

## 1 カリキュラム・マネジメントに挑む

「カリキュラム・マネジメントに挑む」の原稿を書きながら，横浜市立中川西中学校やその前任校の横浜市立市ヶ尾中学校のカリキュラム・マネジメントを振り返りました。多くの生徒や保護者，教職員の顔が浮かんできました。「やり切った感」と「反省と後悔」が入り混じります。

民間人校長として横浜市立の中学校に着任してから８年，常に意識してきたことは学校教育の良さをさらに進化させること。着任してみて，先生方の熱い思いやチーム性，長年積み重ねられてきた指導技術には驚きました。表題のKKD（勘，経験，度胸）からの脱却とは，それらを否定しているのではありません。むしろ，さらに進化させるべきだとも思っています。

一方，民間人校長である私の役割の一つとして，民間の良さを学校に取り入れることも意識してきました。その象徴が客観的なデータに基づく教育課程の「編成（P）」「実施（D）」「評価（C）」「改善（A）」です。PDCA を教育に取り入れることで，また学校が忙しくなると考えられる方もいらっしゃるようですが，私は逆に捉えています。KKD（勘，経験，度胸）にＳ（サイエンス）を取り入れるからこそ，学校教育の多忙感，閉塞感を解消することができると。愛すべき生徒と尊敬すべき先生方を守るためにも，根拠をもって振り返り，先を見通すことができればと。

こんな思いを巡らせながら，民間人校長から広島県教育委員会教育長に転じる覚悟を決めました。

「2　まずは根本的な議論から」以降は，前任の横浜市立中川西中学校の実践を紹介しました。当時の思いや出来事をありのままに記しましたので，生々しい表現もありますがご容赦いただきく存じます。

そして，KKD（勘，経験，度胸）+S（サイエンス）を広島県の教育行政においても大事にしていくことは言うまでもありません。

## 2 まずは根本的な議論から

2021年からの中学校新学習指導要領全面実施に向け，中川西中学校の教育課程推進委員会では「私たち公立中学校の教職員の仕事とはいったい何か」という根本的かつ，やや哲学的な話し合いを重ねてきました。おりしも教員の多忙化解消とその働き方改革がマスコミ等でも話題となり，「どのようにしたら仕事の質を上げ，効率的に仕事ができるのか」について職員室等で話が始まっていました。それがさらに，「教職員の仕事の質っていったい何？」という問いかけとなり，「私たち公立中学校の教職員の仕事とはいったい何か」，つまり「私たちは何のために在るのか」「公立中学校の教職員の役割とはいったい何か」という根本的な話し合いとなっていったのです。

働き方改革を考えるにしても，カリキュラム・マネジメントに挑むにしても，このあたりの根本的な話がないことには，何を目標としていいやら……方法論のみとなってしまうでしょう。目標あれども魂入らずの施策となってしまっては，結局は元も子もないのです。

教育委員会が例として出してくる年間予定や単元がずらりと並んでいるひな形は，それだけでは「各学校のカリキュラム」とはいえません。自分たちで考え，自分たちでつくるからこそ，自校の生徒や地域の実態に合ったものとなるのですし，何よりそのほうが，上からやれと言われてしぶしぶやるよりも，推進力があります。

## ❸ 学校の実態

横浜市立中川西中学校は生徒数1000人を超えるマンモス校です。学校は，教育熱心な保護者と地域の方々のご協力により比較的落ち着いています。約30年前に東急田園都市線のあざみ野駅と横浜・関内がつながる地下鉄ができて以来，どんどんと人口は増え続けています。

カリキュラム・マネジメントとは少し話がずれますが，大規模校であるゆえの悩みもあり，細かく一人一人の生徒を教職員全員で見られないというジレンマもあります。実際，私が着任した平成27年には，不登校もしくは不登校気味の生徒が30人近くもいました（ちなみに横浜市の不登校率は3.2％といわれているので，30人というのは横浜ではごくごく平均的です）。

私が，中川西中学校に着任したその日に，PTA 会長が来校されました。５人のお子さんを育てていらっしゃって，５番目のお嬢さんがこの４月に新入生として入学されるとのこと。何度も PTA 会長をお引き受けいただいていて，お仕事の傍ら，本当に学校のために砦になってくださる方です。

開口一番，PTA 会長が私に話されたのは，「校長先生はこの学校で何を成し遂げられるのですか？　何がこの学校の課題だと思われますか？」でした。あらかじめ学校評価アンケートの熟読や地域へのヒアリングを行っていた私は，「この学校の最大の課題は不登校だと思います。とにもかくにも，ここを解決したいと思います」と即座に答えました。

PTA 会長は話を続けられました。「長男もこの学校を卒業しました。今はもう大学１年生です。中学校１年生の夏から３年生の卒業までずっと不登校でした。その時も PTA 会長でしたので，体育祭とかで生徒たちの前であいさつをするのですが，息子は目の前にいないという，そんなおかしな事態でした。私たち夫婦はたいへん苦しみました。だからこそ，PTA 会長をやっていたのです。校長先生，この学校の課題は不登校です。なんとかしてください！」と訴えられました。

それから１年間の準備期間を経て，平成28年度に特別支援教室（いわゆる別室指導を行う教室）を立ち上げました。特別支援教室に通う生徒たちは，月曜の朝一番，自分のめざす進路に合わせて，自分の１週間の時間割をつくります。この教室の壁は，PTA のボランティアにより真っ白に塗られていて，学校らしくない雰囲気をということでカジュアルな家具を置き，かわいい防火カーテンが掛けられています。まさにリビングルームのような雰囲気です。また，地域からは，ボランティアの方が来てくださったり，実学が向いている生徒たちのために畑を提供いただいたりするなど，地域の支援によって豊かなカリキュラムを組むことができています。

こうした結果，翌年度初めには完全不登校は１人となりました。まさに，学校，保護者，地域が三位一体となって不登校問題に取り組んだ結果といえましょう。その他，この特別支援教室では，不登校生徒のみならず，一般学級でも授業は受けているものの「お客さん状態」になっている生徒に対し個別の学習支援も行っています。このために，1000人近い全校生徒に対し，学力のみならず心理的な状況や社会性まで見て取れるような方法はないかと探していました。

昨今は生徒も多様になってきています。ひと昔前のような KKD（勘・経験・度胸）な生徒指導ではなく，そこにＳ（サイエンス）を入れていかないと，教員は夜な夜な生徒指導に追われ，保護者など家庭と一枚岩になるには時間と労力がかかりすぎてしまう，だから教員多忙化は増長されていくのではと感じていました。

もちろん，日ごろの教員による観察が生徒にとっていちばん重要だろうし，そこに真実があります。しかし，４月の年度初めの時点で，ある程度のリスク軽減ができ，データによるエビデンス（科学的根拠）があれば，さらによいのではないかと考えたのです。

## ❹ 公立中学校の教員の仕事とは？

冒頭の「私たち公立中学校の教職員の仕事とはいったい何か？」という質問ですが，話し合いの結果，下記の２つに集約されました。

　　１）生徒一人一人の自己実現を支援する

　　２）公立学校ならではのセーフティネット

１）の「生徒一人一人の自己実現を支援する」……言うは易しですが，実際は難しいことです。しかし，私たちは塾の講師でも保護者でもありません。ただ単に目の前の高校入試に合格させるための学習指導だけではないだろうし，家庭での生活まで見守ることはありません。そこでは，複雑な人間関係のある学校生活において，ソーシャルスキルを身につけさせ，将来社会人となった時に「さまざまなコミュニティに出入りしながら，豊かな人生を送る」ことをめざし，絶え間ない指導を行っていくことが，教職員の役割ではないのだろうかと考えました。

実際に教職員に「どのようなときに教職員になってよかったと思うか？」「めざすべき教職員像は？」と聞くと，「やっぱり生徒一人一人のこうしたいという自己実現の支援をしたい」というようなことを言います。難しいことは重々承知ですが，公立中学校の教職員として存在意義はここにあるのだからこれをめざしていこうと，皆で熱い気持ちを共有します。

それに加え，あくまでも私たちは公立学校であって私立ではありません。たまたまその地区に住んでいる子どもたちが入学してくるのです。生徒も保護者も多様で当然です。

だからこそ，日々生じる問題の対応には，適宜管理職が介入し，医療やカウンセラーなどにつなげないといけません。がんばりすぎる教職員を救うのは管理職の務めでもあるのです。

## 5 Well-being という考え方

日本には，文部科学省の全国学力・学習状況調査をはじめ，各都道府県や各市町村で行っている学力調査があります。文部科学省だけでも年間約50～70億円の予算が使われていますが，果たして政策立案上のエビデンス以外に個々の子どもの学習に役立つものになっているでしょうか？

欧米先進国，具体的には，オランダ・デンマーク・スコットランド・フィンランド等では，学力を測るのみでなく，Well-being（身体の健康・心の健康，幸福度）に即した調査を行っています。場合によっては，テストの結果をみて，生徒，保護者，教員が三者面談をして今後やるべきカリキュラムを決めたり，特別支援が必要な子どもに関しては専門家の配置がなされたり，生活面で経済的に厳しい子どもに対しては児童相談所などの支援が即座に入る仕組みになっているというのです。

ここまでやれば，まずは納得できます。子どもの幸福度も上がるというものです。しかし，日本の現状を見ると，「とりあえずやっている」というパターンが多く，地域間・学校間で「どこが上でどこが下」というマスコミの大騒ぎ以外は，特段個々の子どもにとってメリットになっていないような気がするのです。

## 6 客観的資料を生かした実践との出合い

Well-being の考え方が反映したアセスメントを中川西中学校でもできないものかと考えていたところ，『中等教育資料』（平成29年１月号）で，複数の標準化された検査を使って生徒の様子を多面的・多角的に捉え，指導に役立てている佐賀市立川副中学校の実践を目にしました。

すぐに川副中学校の池之上校長先生と連絡をとったところ，「当然，日々の観察と重ね合わせると，確かにそうだという点も多いが，観察だけでは見て取れない部分も見て取れる」とおっしゃいます。これはまさに中川西中学校で求めていたものではないかと，本校の教育課程推進委員会のメンバーにも意見を聞いてみることにしました。

## ❼すぐにでもやろう！

「こんなふうに標準化された検査を使った実践があるらしい。まあ，生徒1人につき保護者から約3000円を徴収しなければいけないだろうから，来年度すぐには無理だと思うけど」と，教育課程推進員会に中等教育資料の記事を出しました。

じーっと読んでいた教員たちからは，「いいじゃないですか！」「本当にこれで生徒一人一人の自己実現の支援ができるのなら，賛成です」「運用面で心配な点もある」等，さまざまな意見が出されました。そして，できれば川副中学校の池之上校長先生を招いて体験談等をお話しいただき，参考にしようということになりました。

その結果は，「生徒のためにも教職員のためにもいいと思います。1人3000円の徴収金も大丈夫じゃないですか？　校長先生がPTAに説明してくれたら，来年度4月にでも早速やりましょう！」ということになりました。

時はすでに2月初旬。しかし教職員たちはやる気になっています。

急遽，検査の作成機関にお願いして，教職員向けの講演と，PTA運営委員会向けの説明会を来会者ということで行っていただきました。説明を聞いたPTAの運営委員会メンバーや役員からも異論は出ませんでした。そこで，誰でも参加できるPTA主催の茶話会でも話をしてみたところ，「いいんじゃないでしょうか。学校がそこまでやってくださるのであれば」との保護者の反応でした。

## ❽市の学力学習状況調査をどうするか

ところが，教育課程推進委員会でさらに検討するうちに，「このアセスメントをやるかぎり，国や市の学力学習状況調査等は要らないのではないか」という話にもなりました。ただでさえ忙しい学校現場なのに，これらの検査だけでまるまる1日かかってしまう。国の学力・学習状況調査は拒否できないだろうから，市の学力学習状況調査については「今年度のみ試験的に行わない」としてはどうかと言うのです。

そこで，校長名で横浜市教育委員会に手紙を書いて送りました。すると，「学校運営協議会の具申書として出してほしい」と教育課程推進室長から返事がありました。ここにきて行き詰まってしまいました。

## 9 学校運営協議会が難色を示す

中川西中学校は平成28年度からコミュニティスクールとなっており，設置が義務づけられている学校運営協議会は2か月に1度行われています。メンバーは，委員長，副委員長とも公立中学校の校長経験者。それぞれ横浜市と東京都とで教育委員会の指導主事や企画課長または教育センター長などを歴任されてきた大先輩です。そして，地域の町内会長やPTA役員，学校支援地域本部のコーディネーター，学区小学校校長，外部有識者（キャリア教育と働き方改革の専門家），各学年主任等の教職員で構成されています。

教育課程推進委員会で話し合われた「市の学力学習状況調査を試験的に行わない」という意見を聞いた委員長，副委員長は，まず，全国学力・学習状況調査や都道府県や市町村の学力調査の歴史的背景や経緯等の説明をしたうえで，「結果として，先生たちが余計に自分たちの首を絞めることになりませんか？多忙化解消と言うけれど，まともに個々の生徒の自己実現の支援を始めたら，本当にいくら時間があっても足りないし，全員満足な支援はできるはずがない」とおっしゃいました。仰せのとおりです。こういったご指摘はたいへんありがたいし，必要なことです。

また，提案書を学校運営協議会から提出することには学区内から異論がありました。中学校である中川西では，教員はどちらかというと実施や採点に負担感をもっていたり，生徒は「このテストは学校の成績の対象となりますか？」

などと不安を感じていたりしました。一方，小学校においては，多くの児童はそういった不安感はなくテストを受けており，また，学級担任がほとんどすべての教科をみていることから，「ああ，この子はこういうところがまだわかっていないのか」等，指導の振り返りに有効だと言います。中学校では採点の負担軽減のため免許外の教員が採点にあたるなど課題も多くあります。校種によっても状況が違うのだということが初めてわかりました。

こうした大激論の末，横浜市教育委員会に中川西中学校学校運営協議会委員長名で意見書を提出することになりましたが，その１，２か月後に来た返事は「横浜市教育大綱に沿って市学力学習状況調査を行っているので，１校だけ実施しないということはない」というものでした。

市教委の立場としては当然の回答でした。しかし，「例年どおり」と誰も何の疑問も感じずに市学力学習状況調査を続けることに，誰かが「おかしい」と言うことは，現場の声を代弁する一つの必要なプロセスになったと思います。

## ⑩ ４月実施の後，教員向けに研修実施

平成29年４月14日に，「サポート」（知能検査），「NRT」（標準学力検査），「AAI」（学習適応性検査），「Q-U」（楽しい学校生活を送るためのアンケート）の４種（以上，図書文化社）を，子どもたちの学習面・心理面・社会面などの実態把握のために，全校生徒約1000人を対象に実施しました。

５月に結果が返ってきてからすぐに，すべての教員向けに，学習指導部長と生徒指導専任による結果の見方と活用についての校内研修を行いました。学習指導部長と生徒指導専任は，あらかじめ作成機関より検査の見方を教示してもらい，資料を読み込み，実際に教員たちが生徒の検査結果を指導に生かすことができるようにしました。

初任もベテランも，教員は結果について「へー。すごい」と感嘆していました。あとから若い教員を中心に感想を聞いたところ，「自分の日ごろの観察と同じような結果だったので，自信がもてました」「自分の見方と少し違う結果

が出ている生徒に関しては，そういう見方もあるのだということを気にしながら日ごろの指導にあたっていきたいと思います」と言っていました。また，ベテラン教員は「昔だったらこんな資料は考えられなかったのですが，これから生徒がますます多様になりますし，若くて経験の浅い教員ばかりになりますから……必要ですよね」と言っていました。テストの結果は，さらに学年ごとの分析，また教科ごとの分析を行い，日ごろの指導に生かしていくようにしました。

また，アセスメントの結果からすぐに配慮や支援が必要だと考えられる生徒を特別支援教育推進委員会でピックアップし，今後のアクションプランをつくって家庭訪問などを行い，家庭と話し合いを進めていきました。

そのほかにも，中間テスト後の三者面談(生徒，保護者，担任)の時に使えるよう，テスト結果を「調査の見方」の資料とともに，三者面談の数日前に家庭に返却しました。

## ⓫ カリキュラム・マネジメントとは

カリキュラム・マネジメントは，「各教科等でどんな授業をするのか」「学校は地域性や生徒の実態に合わせ，特色あるカリキュラムをどう組み立てるか」という全体の話だけではなく，「一人一人の生徒の個別指導計画をどのように立てるか」が今後はキーポイントとなってきます。

実際，海外などでは，学びの個別化がかなり進んできています。しかし日本においては，さまざまな学力学習状況調査だけで，個々の生徒の実態がいまひとつつかみきれない現状があります。その際に，例えば図書文化社の検査のようなものを組み合わせれば，KKD（勘・経験・度胸）の学習指導・生徒指導から脱却が図れるにちがいありません。KKD プラス S（サイエンス）――これこそがエビデンスベースの学習・生徒指導の第一歩でしょう。

もちろん，検査だけですべてが達成しえるわけではありません。教職員が「チーム学校」として一枚岩になっているか，即座に情報共有なされ「聞いていない」は通用しない状況になっているか，個々の生徒に対してきちんと指導ができる特別支援体制がシステムとして機能しているかなどの学校風土の醸成が，カリキュラム・マネジメントの基盤になることは間違いありません。

こういった取り組みを2021年に向け，いつやるのか？　今でしょ！

目の前の生徒のために，よいと思ったことは，今すぐ実践したいのです。

# PART 2

# 芙蓉校の挑戦！

## 教科横断的な資質・能力の育成


佐賀県上峰町立上峰小学校 校長
（佐賀県佐賀市立小中一貫校芙蓉校 前校長）
**牟田　禎一**

佐賀県みやき町立中原中学校 教諭
（佐賀県佐賀市立小中一貫校芙蓉校 前教諭）
**石原　紳一郎**

# 教育課程の編成1 児童生徒の“現状と将来”を見つめて

## 1 発達段階を踏まえた小中一貫校

佐賀市立芙蓉小学校，佐賀市立芙蓉中学校は，平成21年度に佐賀市で初の併設型小中一貫校（以下：芙蓉校）になり，小学部1年生から4年生を前期，5年生と6年生を中期，中学部1年生から3年生を後期と位置づけ，発達段階と特性に応じた指導を行っています（**表1**）。

**表1**　9年間をつなぐ学びのシステム（4・2・3制）

| 前期 | | | | 中期 | | 後期 | | |
|---|---|---|---|---|---|---|---|---|
| 小1 | 小2 | 小3 | 小4 | 小5 | 小6 | 中1 | 中2 | 中3 |
| 学びの土台づくり<br>学級担任制 | | | | 学び方の習得<br>一部教科担任制 | | 自己学習力育成<br>教科担任制 | | |

平成27年度の全校児童生徒は，130名（小82名，中48名），平成28年度は131名（小84名，中47名）で，全学年単学級となっています。また，平成28年度の特別支援学級は，小学部・中学部ともに2クラスとなっています。

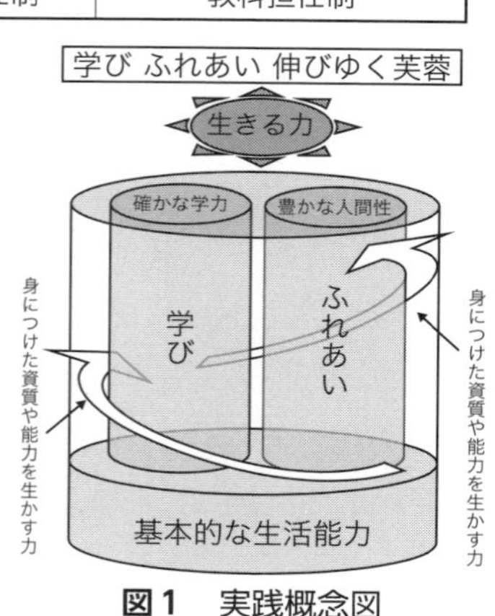

**図1**　実践概念図

平成14年度から小中連携教育をスタートし，校舎の新築を待って，平成21年9月からは校舎一体型の小中一貫教育となりました。

また，学校教育目標「学び　ふれあい　伸びゆく芙蓉」を軸に（**図１**），９年間の教育を通して，知・徳・体を磨き，21世紀をよりよく生きようとする児童生徒の育成をめざしてきました。

## 2「つなぎ」を意識した取り組み

平成21年９月以降，小中９年間を通しての異学年交流活動や学校行事等を多く取り入れ，そのなかで児童生徒は，自ら意欲的に活動できるようになりました。また，学習面では９年間のつながりを意識しながら各教科との連携を行い，全職員が校種，教科を超えて授業を行うために開発した芙蓉校メソッドを活用し，指導に取り組んでいくことで，児童生徒の基礎的な知識・技能の習得は確実に進みました。

また，９年間の小中一貫教育と少人数校の利点を生かし，きめ細やかな指導・支援と児童生徒の自発的，自治的な活躍の場面を多く確保し，その効果もみえ始めていました。

しかし，少人数校がゆえに，人間関係が固定化し，自己肯定感が低く，課題解決や将来設計に関する見通しがもてず，高校進学後に控える適応の課題は，小中一貫教育実施後もなかなか改善しなかったこともあり，平成27年度から，キャリア教育の視点を生かした教育活動を通して，「基礎的・汎用的能力（人間関係形成・社会形成能力，自己理解・自己管理能力，課題対応能力，キャリアプランニング能力）」を身につけた児童生徒の育成をめざすことになりました。

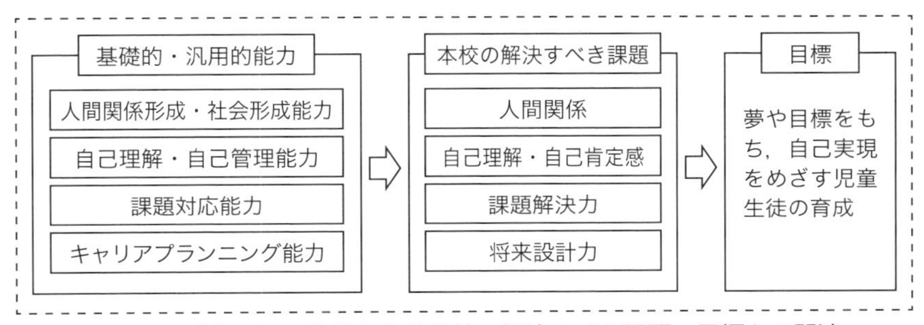


**図２**　基礎的・汎用的能力と芙蓉校の解決すべき課題・目標との関連

そこで教育活動全体をキャリア教育の視点でつないでいくことで，基礎的・汎用的能力を育成し，本校の課題を解決するだけでなく，児童生徒が夢や希望をもち，それに向かって努力するなど，自らの自己実現を意識して，主体的に行動することができるようになることをめざしたのです（**図2**）。

## 3 「キャリア」の誤解

取り組み当初，全職員で話し合いを繰り返すなかで大きな壁に向き合うことになりました。それは「キャリア」の理解です。

わかっているつもりでも，どうしても進学や就職，勤労観や職業観などの「キャリア」の一部にとらわれてしまったり，中学部と小学部の職員でのイメージに隔たりがあったりして，話し合いがかみ合わない場面を何度となく経験しました。

よって，全職員で以下の共通理解を図ったのです。

① 「キャリア教育」とは就職や進学などの狭義な意味だけではないこと。

② 「キャリア教育」とは「夢をもつ」や「仕事を調べる」などの固定的な内容ではないこと。

③ 「キャリア教育」とは職場体験活動などのイベントに偏った取り組みではないこと。

そこで，芙蓉校では特別活動を要として，すべての教育活動において，現在やこれからの学びが将来や人生にどうつながるのかを児童生徒に認識させる取り組みを，「キャリア教育」のはじめの一歩としました。

また，改めてその必要性を以下のように全職員で確認しました。

「今日の社会は，国際化や情報化の進展，少子高齢化の進行，科学技術のめざましい発展など急速に変化を遂げています。また，家庭教育力や地域の社会教育力の低下，規範意識の欠如が叫ばれ，児童生徒を取り巻く現状はたいへん厳しいものがあります。芙蓉校においても，一人一人が，自ら考え行動できる自立した個人として，変化の激しい社会を心豊かにたくましく生き抜いていく基盤となる力を育成することが必要なのです。」

## 4 芙蓉校でキャリア教育を行う理由（1）

校内研修の積み重ねによって，芙蓉校でキャリア教育を強く推進する理由（根拠）を以下のように3点から整理しました。

### （1）社会的背景

近年，産業構造の変化や経済のグローバル化，高度情報化社会等による急激な社会の変化は目を見張るものがあり，若者の就職や就業に関しても，ニートやフリーターの増加が大きな問題となり，児童生徒の意識にも少なからず影響を与えていると考えられます。また，**資料1**に示しているように，学校から社会への移行をめぐる課題，子どもたちの生活・意識の変容等があり，児童生徒の今の学びと将来との関連性がみえず，学習意欲の低下がみられたり，十分な勤労観・職業観が身についていないことにより，自立的な将来設計ができていないままに就職したりすることもありえるのです。このような近年の急激な社会の変化に対応するために，児童生徒に社会に対応する能力を身につけさせることは喫緊の課題と考えました。

○学校から社会への移行をめぐる課題
・社会環境の変化（求人状況の変化，求職希望者と求人希望の不適合等）
・若者自身の資質等をめぐる課題
（早期離職，勤労観・職業観の未熟さ，職業人としての基礎的資質・能力の発達の遅れ等）
○子どもたちの生活・意識の変容として
・子どもたちの成長・発達上の課題（社会的自立が遅れる傾向等）
・高学歴社会における進路の未決定傾向
（職業選択を先送りする傾向，将来設計が希薄なままでの進学，就職等）

**資料1**　社会的背景

## 5 芙蓉校でキャリア教育を行う理由（2）

○教育基本法
二　個人の価値を尊重して，その能力を伸ばし，創造性を培い，自主及び自律の精神を養うとともに，職業及び生活との関連を重視し，勤労を重んずる態度を養うこと。
三　正義と責任，男女の平等，自他の敬愛と協力を重んずるとともに，公共の精神に基づき，主体的に社会の形成に参画し，その発展に寄与する態度を養うこと。
○学校教育法21条
一　学校内外における社会的活動を促進し，自主，自律及び協同の精神，規範意識，公正な判断力並びに公共の精神に基づき主体的に社会の形成に参画し，その発展に寄与する態度を養うこと。
四　家族と家庭の役割，生活に必要な衣，食，住，情報，産業その他の事項について基礎的な理解と技能を養うこと。
十　職業についての基礎的な知識と技能，勤労を重んずる態度及び個性に応じて将来の進路を選択する能力を養うこと。

**資料２　教育基本法・学校教育法**

第１期教育振興基本計画（平成20年７月１日閣議決定）
○　特に重点的に取り組むべき事項
　キャリア教育・職業教育の推進と生涯を通じた学び直しの機会の提供の推進
第２期教育振興基本計画（平成25年６月14日閣議決定）
○　基本方向性１　社会を生き抜く力の養成
○　成果目標４　　社会的・職業的自立

**資料３　教育振興基本計画**

### (2) キャリア教育への期待

教育基本法や学校教育法でも，左ページ**資料2**のようにキャリア教育の育成を示唆されており，左ページ**資料3**のように近年の教育改革のなかでも，キャリア教育への期待が教育振興基本計画で言われています。

## 6 芙蓉校でキャリア教育を行う理由（3）

### (3) 小中一貫教育のさらなる充実

佐賀市の小中連携教育から小中一貫教育へのステップは０～５まであります（**資料４**）。芙蓉校は平成14年がステップ３，平成18・19年度にはステップ４～５となっており，これまで取り組んできた小中一貫教育をさらに充実させる必要がありました。また，小学校と中学校をつないだこれまでの教育により，児童生徒を９年間育てることができ，中１ギャップ等の解消を図ることができました。そして，今度はこの芙蓉校を卒業後の生活や社会で，自分の力で自己実現力をめざすことができる力をつけさせたいと考え，未来へつなげる教育であるキャリア教育が不可欠だと考えたわけです。

| 年度 | 期 | 具体的内容 | 佐賀市モデル |
|---|---|---|---|
| 平成14<br>17 | 小中連携期 | 校内研修の一本化<br>学校行事の見直し<br>学習系統表の作成<br>学校教育目標の一本化 | ステップ３ |
| 平成18<br>19 | 小中一貫教育システムの確立期・充実期 | 連携から一貫への体制の見直し<br>校務分掌の完全一体化<br>４・２・３制を意識した教育活動 | ステップ４<br>ステップ５ |
| 平成20<br>26 | ステップアップ | 授業づくりに重点化<br>校舎一体型小中一貫校芙蓉校<br>学習系統表の改訂<br>フロンティア校として発信 | ステップ５ |

**資料４**　芙蓉校の小中連携教育から小中一貫教育への流れ

## 7 研究の足跡「1年目」

平成27年度には，キャリア教育についての研究を深めました。芙蓉校の児童生徒の実態から芙蓉校における基礎的・汎用的能力を定義し，その基礎的・汎用的能力を身につけた児童生徒の姿を明確にしました。また，各教科や学級活動で芙蓉校メソッドを用いて基礎的・汎用的能力を身につけさせる授業を行い，研究授業や授業研究会を行うことで，キャリア教育の視点をもった授業について研究を深めました。

夢や目標を発表する場として「Fuyo 夢タイム」等も実施し，児童生徒が自分たちの夢や目標について考える機会を設定しました。さらに，標準学力検査（NRT），知能検査，よりよい学校生活と友達づくりのためのアンケート（hyper-QU），学習適応性検査（AAI）の結果を1つのシートにまとめた「バ

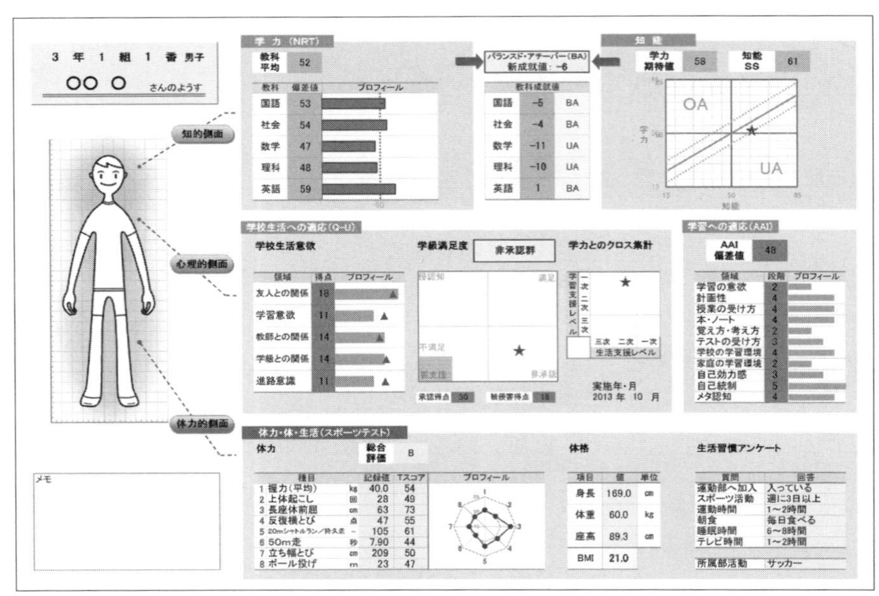


図3 バッテリーシート

ッテリーシート」（**図３**）を作成し，そのシートを利用して児童生徒のつまずきや悩みなどを分析し，支援を行うことで，児童生徒のキャリア発達の基盤づくりをめざしました。

１年目の研究を経て，特別活動の充実が，基礎的・汎用的能力の育成に大きくかかわることがわかりました。特別活動で育てたい力を芙蓉校では，人間関係形成能力，自己を生かす能力，自治的能力，自己実現力の４つと捉えており，その能力を育成することが，基礎的・汎用的能力の４つの能力の育成につながるため，特別活動を要とした「キャリア教育」の実践が重要だと考えました。特に学校行事の振り返りの授業は力を入れて研究し，それにより行事やイベントを教科等の学習や日常生活の改善につなぐ，事後指導の充実も図ることができました。また，そういった視点から，児童会・生徒会活動における自治的な活動をいっそう促進させました。

## 8 研究の足跡「２年目」

このように特別活動をキャリア教育の視点で整理し，それぞれの活動や行事においても基礎的・汎用的能力の視点をもって，指導にあたることの効果は全職員が実感できました。しかし，本質的な基礎的・汎用的能力の育成のためには，計画的に教科等の授業実践を行い，「教科の学び」をよりよい社会づくりやキャリア形成につなげる必要性を強く感じました。

２年目は，キャリア教育の視点で教育活動をつなぐことを軸に，すべての教科等における計画的な授業実践，各活動で基礎的・汎用的能力の観点をさらに意識した活動の実施，特別活動のさらなる充実を図りました。

これらを取り組むうえで，９年間を通して基礎的・汎用的能力の育成を図り，今後想定される急激な社会構造の変化に対応できる力，つまり，芙蓉校が捉えている「生きる力」を育てる教育の実現に向けて，以下のように研究の目標と内容を設定しました。

① 研究の目標

夢や目標をもち，自己実現をめざす児童生徒を育成するために，小中９年間のつながりや各教科との連携，学校行事のかかわりをどのように行うか研究し，また，育成するための指導方法を，実践を通して明らかにしていく。

② 期待する研究の成果

身につけた資質や能力や態度，基礎・基本を生かして，夢や目標をもち，自己実現をめざす児童生徒の育成をめざす。

## 9 研究の内容と方法

教育活動をキャリア教育の視点で捉え直し，つなげることで，キャリア教育の推進を図る具体的な内容と方法が以下のとおりです（**図4**）。

① キャリア教育の研究

② 「芙蓉校メソッド」のアングルＣの「話し合い活動」とアングルＤの「振り返り活動」を取り入れた学級活動の実践

③ キャリア教育の視点を意識した生活科・総合的な学習の時間の実施

④ 基礎的･汎用的能力の向上のための芙蓉校メソッドを取り入れた授業実践

⑤ 児童会・生徒会活動の自治的活動を推進

⑥ キャリア教育の視点を意識した学校行事の充実

⑦ 各活動をつなげる取り組み（「特別活動等系統表」，「Fuyo 夢ファイル」の利用）

⑧ 学びを支えるための手立て

・基本的生活習慣の向上のための「Fuyo 夢プロジェクト」の実施

・家庭での学習の仕方を学ばせ，自己学習力を育てるための「９年間の家庭学習のススメ」，「家庭学習の進め方」の配布と啓発

⑨ 夢や目標を考えさせるための場の設定

・全児童生徒対象に集団面接「Fuyo 夢タイム」を実施

・小学部４年生対象に「２分の１成人式」，中学部２年生対象に「立志式」を実施

⑩　児童生徒の理解と支援

・NRT，知能検査，Q-U，AAIをまとめたバッテリーシートの分析と利用

・「Fuyo夢アンケート」の実施と分析

⑪　校内研究の充実

・キャリア教育の視点を取り入れた研究授業を全教員で実践

・指導案検討会の実施

・授業評価票やＫＪ法を用いた授業研究会の実施

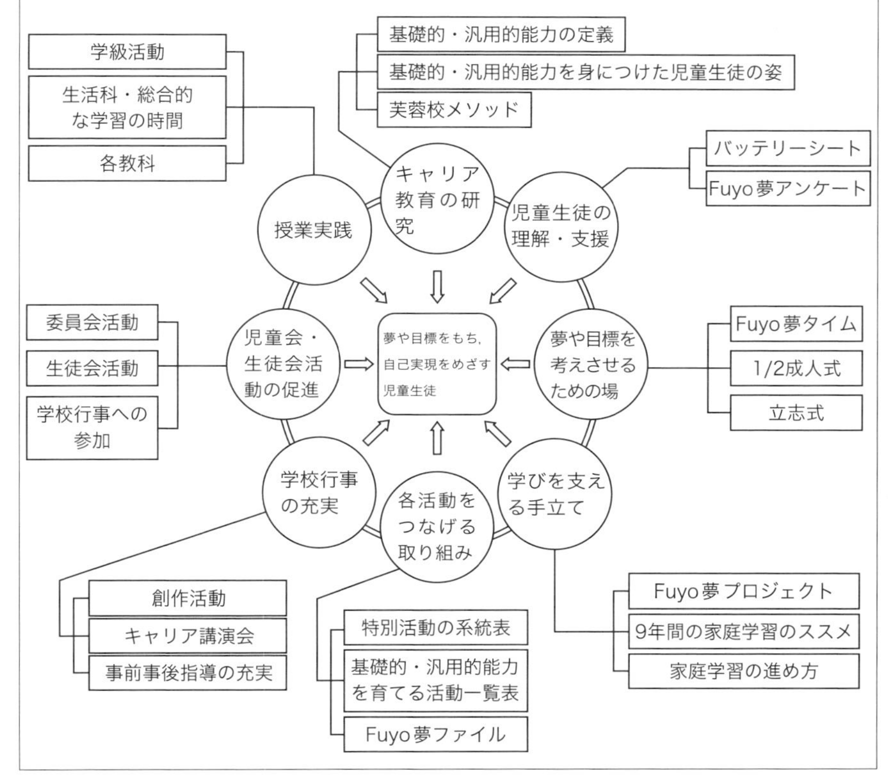


**図４**　研究の内容と方法のイメージ

## 10 研究の組織

全職員が「授業研究部」に所属し，「めざす児童・生徒像」「基礎的・汎用的能力」の策定，「芙蓉校メソッド」等を活用して，授業実践に取り組むこととしました。さらに全職員は，「学びサポート部」と「ふれあいサポート部」のどちらかに所属します。「学びサポート部」は，基礎的・汎用的能力を身につけさせていくための指導方法の研究，成果の検証，研究内容や成果を普及する活動を行います。「ふれあいサポート部」では，児童会・生徒会活動の推進，夢や目標を考える場の設定，児童生徒理解と支援のための活動，基本的な生活習慣・学習習慣を確立するための提案，環境整備を行います。研究全体については学校長を代表として，副校長，教頭が総括し，研究主任，小中副研究主任，小中教務主任がその推進役を果たすこととしました（**図５**）。

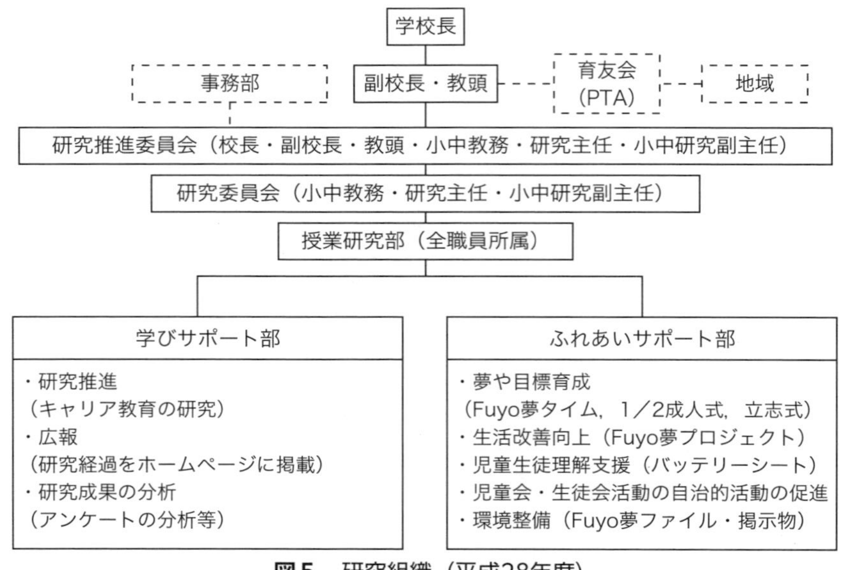


**図５**　研究組織（平成28年度）

■ ■ ■ 佐賀県佐賀市立小中一貫校芙蓉校

# 2 教育課程の編成2 芙蓉校の歴史を踏まえ，地域や児童生徒の実態を把握



## 1 芙蓉校の歴史

佐賀市立小中一貫校芙蓉校がある蓮池町は佐賀県佐賀市の東部に位置し，佐賀鍋島藩の支藩「蓮池藩」として栄え，歴史と文化にあふれた町です（**資料1**）。

グリコの創業者「江崎利一」は蓮池町出身者。中学部3年生は，修学旅行で大阪の江崎記念館を訪れる。

蓮池町の伝統的な行事「小松浮立」。児童が参加している様子。佐賀市の重要無形民俗文化財。

蓮池町の見島地区で行われる「見島のカセドリ」。写真は児童が参加して学習している様子。国の重要無形民俗文化財。

**資料1**　蓮池の歴史と文化

また，創立100年を越える歴史のある学校で，蓮の異名である芙蓉から名前が付いています。

## 2 キャリア教育の「目標」設定の在り方

当時，文部科学省初等中等教育局児童生徒課の長田徹生徒指導調査官の指導を何度となく仰ぎました。

長田調査官によると平成24年に実施された「キャリア教育・進路指導に関する総合的な実態調査」（国立教育政策研究所）では，キャリア教育の大きな課題として「評価」があげられており，その原因として「目標」設定の在り方について指摘されました。「目標」や資質・能力を設定しようと勢い余って，耳触りのよい，どこの児童生徒にも当てはまるような抽象的なものにならないように，まずは，目の前の児童生徒の実態をしっかり把握すべきということでした。

目の前の児童生徒の「現在」に付随する何らかの欠け，不足や強みが，卒業後の「将来」の社会生活，職業生活にどう影響するのかを考えることこそが「キャリア（ラテン語の語源は“わだち”）」であり，だからこそ，具体的かつどんな力をつけて卒業させるのか，大人にするのかというゴール設定ができるのだと（**図１**）。

そのゴール設定に向けた道しるべこそが基礎的・汎用的能力だというのです。

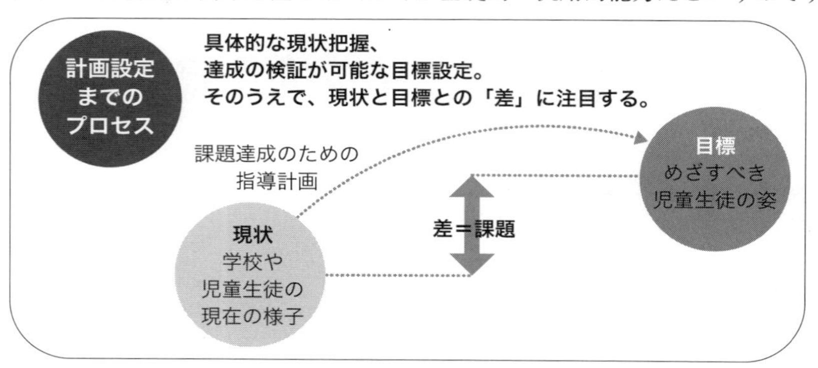


**図１**　キャリア教育計画設定までのプロセス

## 3 芙蓉校の「強み」と「弱み」

「キャリア教育」に取り組むにあたって，全職員で芙蓉校の児童生徒の「強み」と「弱み」を話し合いました。当初は特段の資料を用いず，職員の経験値や普段は表現することのない暗黙知から以下のように整理し始めたのです。

○小中一貫教育の推進以降，多くの行事を小学部と中学部が合同で行っていることもあり（**資料２**），児童生徒は校種や学年を問わず非常に仲がよく，良好な関係にあること。

○明るく，素直で，思いやりをもった児童生徒が多く，日常の授業における学習態度も非常に真面目といえること。

○９年間の学習のつながりと少人数を生かしたきめ細やかな指導により，児童生徒は基本的な学力を身につけていること。

小中合同入学式

小中合同体育大会

小中合同文化発表会

**資料２　小学部と中学部が合同で行う行事の一部**

## 4 芙蓉校の「弱み」

芙蓉校の児童生徒の「弱み」を話し合っているうちに２つの必要性を実感することになるのです。

●小中一貫教育の推進により，俗にいう「中１ギャップ」のような問題は見当たらないが，逆に，小学部から中学部への移行期おける緊張感に欠け，むしろ，節目を自覚できるような仕掛けが必要であるということ。

●明るく，素直で，優しいがゆえに物事をよく考えずに受け入れてしまったり，多面的・多角的に捉えることが不得手だったり，問題点を見いだして課題解決に向けて対応していくことができなかったりすること。

●幼稚園入園から中学部卒業までにクラス替えがない芙蓉校だからこそ，深刻な人間関係の問題があるということ。校種や学年を超えた人間関係と学年・学級内における人間関係には違いがあること。

**客観的なデータによる実態把握の必要性**

芙蓉校の「弱み」のいずれもが，職員が「強み」だと実感していた事柄と表裏の関係にあったのです。それこそ経験値による検討の限界でした。そこで，客観的な調査やデータに基づく児童生徒の実態把握の必要性を実感したのです。

**キャリア教育の必要性**

「高校生の中途退学や不登校」「若者の自己肯定感や社会参画意識の低さ」「早期離職に見られる社会への不適応や人間関係形成の問題」などの社会問題の芽は，小中学校段階で見えていました。この芙蓉校の「弱み」が卒業後に及ぼす影響を考えると，これまでの取り組みを早急に見直す必要性を感じたのです。

## 5 バッテリーシートの活用

芙蓉校の「強み」と「弱み」の検討のなかで，児童生徒の実態把握に工夫が生まれていきました。まずは，これまで同様に，職員による観察，面談や既存のアンケート，学校評価，全国学力・学習状況調査等の活用を促進するとともに，それらを単体で見るのではなく，相互に関連づけて検討することにしました。加えて，その，①見えやすい実態の裏づけができるもの，②数値で測定可能なもの，③見えにくい成果と課題が発見できるものなどにふさわしい客観的データが入手できないかを考えたのです。そういったなかで同じ佐賀市内の川副中学校の先行事例に学び，バッテリーシートを利用することにしました。このバッテリーシートの活用が，キャリア教育や小中一貫教育の校内研究の推進力となっていきました。

## バッテリーシートを利用した児童生徒の実態把握

芙蓉校では，標準学力検査（NRT），知能検査，hyper-QU「よりよい学校生活と友達づくりのためのアンケート」（以下「Q-U」），学習適応性検査（AAI）の結果を１つにまとめたバッテリーシート（**図２**）を作成，活用することにしました。このバッテリーシートの心理的側面の部分が，**図３**です。

**図２**　バッテリーシート

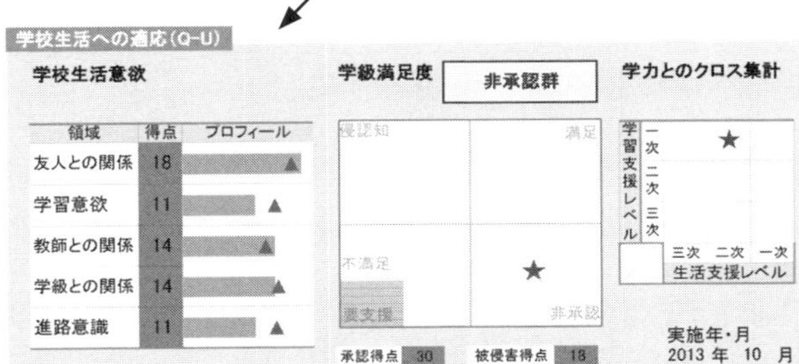


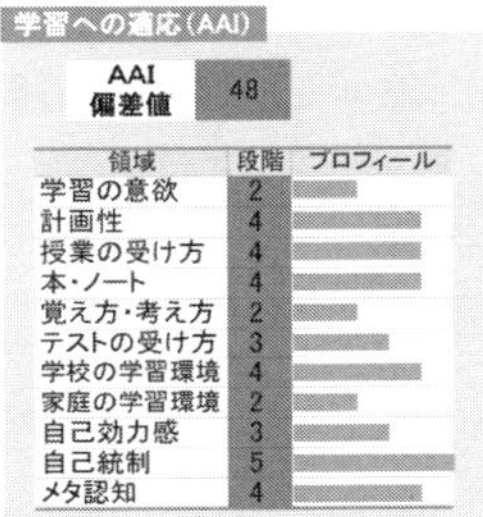


**図３**　バッテリーシートの心理的側面

## 6 客観的なデータによる実態把握（1）

**資料３**は中学部の学級生活意欲の「友人との関係」と「学級との関係」を示したものです。

これによると，「学級との関係」の点数（14.8点）は，全国の平均点の得点の範囲には入っているものの，範囲の下の方に位置していることがわかります。

| 学級生活意欲 | 平均的の得点の範囲 | 中学部平均（20点満点） |
|---|---|---|
| 友人との関係 | 15.6点～18.4点 | 17.1点 |
| 学級との関係 | 13.4点～17.0点 | 14.8点 |

**資料３**　Q-U の学級生活意欲（平成27年度中学部）

また，「学級との関係」を測った質問項目は「クラスの中にいるときは，ほっとしたり明るい気分になったりする」というような項目です。

**資料４**は学級満足度の４つの領域において，児童生徒がどれぐらいの割合で分布しているか示したものです。これを見ると，小学部，中学部共に，満足群が約４割，不満足群が約３割と拮抗しています。

| 学級満足度 | 小学部 | | 中学部 | |
|---|---|---|---|---|
| | 侵害行為認知群<br>16% | 学級生活満足群<br>37% | 侵害行為認知群<br>13% | 学級生活満足群<br>42% |
| | 学級生活不満足群<br>33% | 非承認群<br>15% | 学級生活不満足群<br>33% | 非承認群<br>13% |

**資料４**　Q-U の学級満足度（平成27年度）

資料３，４から学級内の人間関係の形成や修正が喫緊の課題であることがわかりました。

## 7 客観的なデータによる実態把握（2）

**資料５**は，AAI の学習の要因の項目ごとに，１～５の評価（５がいちばん良い）に児童生徒がどのぐらいの割合いるのかを示したものです。どの項目も基本的に３を中心にした山型の分布をしていますが，１，２の評定の児童生徒も多く，５割存在する項目もあるのです。このことから，学習における課題解決力を伸ばしていく必要性がわかりました。

| 学習の要因 | 小学部 | | | | | | 中学部 | | | | | |
|---|---|---|---|---|---|---|---|---|---|---|---|---|
| | 1（%） | 2（%） | 3（%） | 4（%） | 5（%） | 平均値（５点満点） | 1（%） | 2（%） | 3（%） | 4（%） | 5（%） | 平均値（５点満点） |
| 学習の意欲 | 12 | 33 | 29 | 21 | 5 | 2.7 | 0 | 22 | 28 | 41 | 9 | 3.4 |
| 計画性 | 14 | 14 | 38 | 30 | 5 | 3.0 | 4 | 11 | 38 | 26 | 21 | 3.5 |
| 授業の受け方 | 14 | 31 | 34 | 12 | 9 | 2.7 | 4 | 13 | 43 | 30 | 11 | 3.3 |
| 本・ノート | 11 | 16 | 41 | 22 | 11 | 3.1 | 6 | 11 | 34 | 28 | 21 | 3.5 |
| 覚え方・考え方 | 11 | 16 | 38 | 35 | 0 | 3.0 | 6 | 15 | 26 | 34 | 19 | 3.4 |
| 学校の学習環境 | 16 | 28 | 21 | 22 | 14 | 2.9 | 9 | 21 | 30 | 30 | 11 | 3.1 |
| 家庭学習の様子（小）<br>家庭の学習環境（中） | 10 | 38 | 29 | 16 | 5 | 3.4 | 2 | 26 | 26 | 28 | 19 | 3.4 |
| 自己効力感 | 17 | 24 | 41 | 7 | 10 | 2.7 | 13 | 15 | 28 | 37 | 7 | 3.1 |
| 自己統制 | 9 | 41 | 31 | 16 | 3 | 2.6 | 6 | 36 | 28 | 15 | 15 | 3.0 |
| メタ認知 | 24 | 24 | 31 | 14 | 7 | 2.6 | 4 | 17 | 28 | 38 | 13 | 3.4 |

**資料５　AAI の学習の要因（平成27年度）**

## 8 客観的なデータによる実態把握（3）

もちろん，既存のアンケート結果や職員の経験値もいっそう大事にして，バッテリーシート〔標準学力検査（NRT），知能検査，hyper-QU，学習適応性検査（AAI）〕との複合的な分析を進めてきました。

**平成27年度の学年始め，学年末アンケート結果より**

平成27年度の学年始めに実施したアンケート結果から（結果は PART２-８

参照)，基礎的・汎用的能力のうち，「自己理解・自己管理能力」と「課題対応能力」に絞って研究を進めていくことにしました。また平成27年度の学年終わりに実施したアンケート結果より（結果はPART２－８参照），自己理解・自己管理能力の「自己の理解」と課題対応能力の「課題解決力」に課題が残りました。

**平成27年度の学校行事アンケート結果より**

平成27年度中学部では体育大会前後，文化発表会前後で，基礎的・汎用的能力の全項目のアンケートを実施しました。４段階評価で実施しましたが，結果キャリアプランニングの質問項目の点数がいちばん低かったことがわかります(**資料６**)。質問項目は「自分の将来について具体的な目標を立て，その実現のための方法について考えていますか。」等で，将来設計力を含むキャリアプランニング能力について課題が見えました。

| 基礎的・汎用的能力 | 人間関係形成・社会形成能力 | 自己理解・自己管理能力 | 課題対応能力 | キャリアプランニング能力 |
|---|---|---|---|---|
| 平均点 | 3.3 | 3.2 | 3.2 | 2.9 |

**資料６**　行事前後のキャリア教育アンケート（平成27年度）

## 9 客観的なデータによる実態把握を生かして（1）

職員の話し合いにあたって，幾度も確認してきたことがあります。バッテリーシートをはじめとするデータは，あくまでも検討・分析を重ねる際の材料，素材であるということです。児童生徒の姿や身につけさせたい資質・能力には数値や観点別で評価ができるものもあれば，それにはなじまないものもあるということです。また，児童生徒の振り返りシートや作文は学習活動であって，それそのものが学習評価にはならないということ。要は，データは大事だがそれそのものを鵜呑みにするのではなく，データやワークシート，作文など，児童生徒自らが記録した資料を，職員（教師）の見取りに生かすということです。そういった視点から芙蓉校では次のように児童生徒の実態を見取りました。

人間関係については少人数・小中一貫を生かして仲がよいと思われる。しかし，少人数ゆえに，人間関係が固定化してしまう問題がある。また，人間関係のトラブルがあった場合は，クラス替えを行うことができないので，トラブルで起きたわだかまり等をそのままずっと引きずってしまう可能性がある。さらに芙蓉校は小中一貫校としての充実から，中１ギャップという問題はほとんどない。むしろギャップを作り，気持ちを切り替えさせる必要さえある。しかしその反面，中学校を卒業した後に訪れる多様な人間関係や大きな集団での関わりに，苦労する生徒も少なくない。このことから，これから社会で通用する人間関係をつくっていく力を身に付けさせておくことは必要だと考えられる。また，課題解決力の弱さも気になることころである。これは指導や支援が行き届くゆえに学習や活動の中で児童生徒が自分達で考える場所や機会を奪ってしまっているところもあるかもしれないと考えている。さらに，学習に励み，多くの活動をこなしている割に，自己肯定感の低さがうかがえる。自信を持たせ，自分の価値を確認させていくことで自己肯定感を向上させることは非常に大事と考える。そして，将来に対する意識が希薄であるように思える。将来へのビジョンをもたせることは重要で，今の学習の意欲の向上ともつながるところと考える。

（平成27年度研究紀要から引用，原文のまま）

## 10 客観的なデータによる実態把握を生かして（2）

これまで述べてきたように，客観的データと職員（教師）の見取りから，芙蓉校の児童生徒の課題は「人間関係」「自己理解・自己肯定感」「課題解決力」「将来設計力」とわかりました。結果的に芙蓉校の課題と基礎的・汎用的能力は１対１対応になりましたが（次ページ図４），ここで留意したのは，前述の長田調査官の指摘でした。

基礎的・汎用的能力は，包括的な能力概念であって，必要な要素をできるかぎりわかりやすく提示するという観点でまとめたものなのです。この４つの能力は，それぞれが独立したものではなく，相互に関連・依存した関係にあります。このため，特に順序があるものではなく，また，これらの能力をすべての者が同じ程度あるいは均一に身につけることを求めるものではないということでした。

さらに，これらの能力をどのようなまとまりで，どの程度身につけさせるかは，学校や地域の特色，専攻分野の特性や子ども・若者の発達の段階によって異なると考えられ，各学校において，この４つの能力を参考にしつつ，それぞれの課題を踏まえて具体的な能力を設定すべきであるということでした。

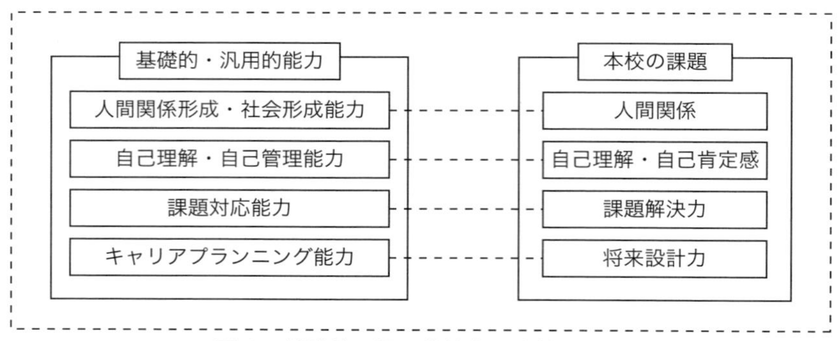


**図４　基礎的・汎用的能力と本校の課題**

■■■佐賀県佐賀市立小中一貫校芙蓉校

# 3 教育課程の編成3 “目標”“資質・能力”の設定



## 1 基礎的・汎用的能力を意識した具体的な姿

前述の長田調査官の指摘のとおり，研究を進めていくなかで，「キャリア教育」や「基礎的・汎用的能力」という抽象的な定義だけでは，どの学年で，どのような力を身につけさせればよいのかわからないという問題が出てきました。

その課題を解決するために，まず，小中の９年間を小学校の低・中・高学年と中学校の４つの発達段階に区切りました。次に，「基礎的・汎用的能力」を参考に芙蓉校の児童生徒に身につけさせたい具体的要素を整理し（**表１**は抜粋章末**資料１**は全体），それを身につけた児童生徒の姿を，それぞれの発達段階に合わせて作り出す作業を行いました。（次ページ**表２**は能力の要素のうち協力する力のみ明記，章末**資料２（ア）～（エ）**は全体）。

この作業を行ったことで，ゴールである児童生徒の姿が明確になるとともに，授業や活動での具体的な手立ての開発と評価への見通しが立ちました。

**表１**　基礎的・汎用的能力の具体的要素

| 人間関係形成・社会形成能力 | 自己理解・自己管理能力 | 課題対応能力 | キャリアプランニング能力 |
|---|---|---|---|
| ①基本的マナー<br>②他者のことを考える力・思いやる力<br>③協力する力<br>④聴く力・伝える力<br>⑤リーダーシップ力 | ①基本的生活習慣<br>②自己の理解<br>③自分を律する力<br>④主体的行動力 | ①見つける力<br>②見通す力<br>③課題解決力<br>④表現する力<br>⑤振り返る力 | ①学ぶこと，働くこと，生きることへの理解<br>②将来設計力<br>③選択・行動・改善力 |

**表２　基礎的・汎用的能力を身につけた児童生徒の姿の一部**

| | 前期<br>（小１・２） | 前期<br>（小３・４） | 中期<br>（小５・６） | 後期<br>（中１・２・３） |
|---|---|---|---|---|
| 協力する力 | ・わがままをせずに，友達と仲良くすることができる。<br>・自分なりによく考えて，話し合いに参加することができる。<br>・友達と力を合わせて学級の仕事に取り組むことができる。 | ・折り合いつけながら，友達と協力して誰とでも話し合ったり，作業に取り組んだりすることができる。 | ・相手の気持ちや目的を考えながら，誰とでも話し合ったり，作業に取り組んだりして集団活動をよりよくすることができる。 | ・他者と力を合わせ，目的に向かって物事に取り組んだり，各個人のよさを発揮できるように仕事を分担して活動しようとしたり，できないところを助け合って物事を解決したりしようとすることができる。 |

## 2 基礎的・汎用的能力の焦点化

さらに，研究を進めていくなかで，どうしても基礎的・汎用的能力の４つの能力（人間関係形成・社会形成能力，自己理解・自己管理能力，課題対応能力，キャリアプランニング能力）に引っ張られてしまい，この４つのラベルをバランスよく，もしくは，落としがないように網羅的に配置する状況がみられてきました。そこで，芙蓉校の課題「人間関係」，「自己理解・自己肯定感」，「課題解決力」，「将来設計力」を解決するために，人間関係形成・社会形成能力からは「③協力する力」，自己理解・自己管理能力からは「②自己の理解」，課題対応能力からは「③課題解決力」，キャリアプランニング能力からは「②将来設計力」を選んで，教科や活動の内容に照らして焦点化した指導にあたるようにしました。

これも，長田調査官に指摘されてきたことですが，基礎的・汎用的能力の４つのラベルはどれも密接にかかわり合っており，切り離して単独で育成することは困難であり，だからこそ，引き上げる視点を１つか２つに絞っても，他の視点を捨てるというわけでないことを全職員で確認しました。

また，平成27年時点では，この焦点化により以下の５点を意識して活動することに決めました。

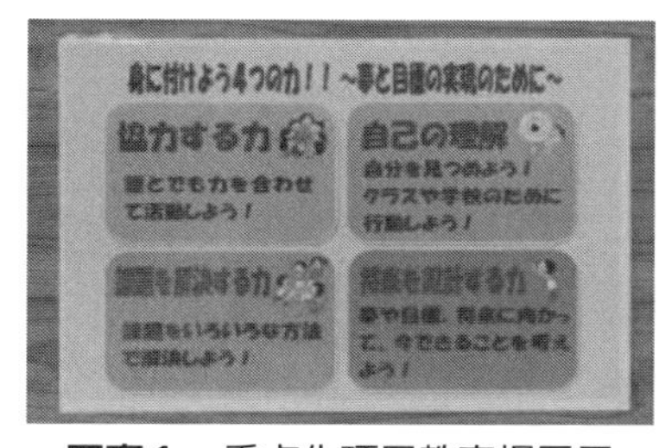


**写真１**　重点化項目教室掲示用

・児童生徒向けの言葉にして児童生徒に説明し，教室に常時掲示する（**写真１**）。
・焦点化した４つの具体的要素を意識した授業を行う。
・焦点化した４つの項目を含めたアンケートを実施する。
・生活科や総合的な学習の時間，学校行事で，活動の目的のなかに組み込む。
・感想等から４つの項目の内容を読み取る。

**資料１**　「キャリア教育」・「基礎的・汎用的能力」の定義

| キャリア教育の定義 | 芙蓉校のキャリア教育のとらえ方 |
|---|---|
| 一人一人の社会的・職業的自立に向け，必要な基盤となる能力や態度（基礎的・汎用的能力）を育てることを通して，社会のなかで自分の役割を果たしながら，自分らしい生き方を実現していく過程（キャリア発達）を促す教育。 | 児童・生徒の将来の社会的自立に向け，基盤となる能力や態度（基礎的・汎用的能力）を育てることを通して，社会のなかで夢や目標をもって自分らしい生き方を実現していくための力を身につけさせていく教育。 |

| | 基礎的・汎用的能力の定義 | 具体的要素 | 芙蓉校での基礎的・汎用的能力のとらえ方 | 芙蓉校での具体的要素 |
|---|---|---|---|---|
| ア　人間関係形成・社会形成能力 | 多様な他者の考えや立場を理解し，相手の意見を聴いて自分の考えを正確に伝えることができるとともに，自分の置かれている状況を受け止め，役割を果たしつつ他者と協力・協働して社会に参画し，今後の社会を積極的に形成することができる力。 | ・他者の個性を理解する力<br>・他者に働きかける力<br>・コミュニケーション・スキル<br>・チームワーク<br>・リーダーシップ等 | 基本的マナーを身につけ，いろいろな人の考えや気持ちを理解して，人に対して思いやりをもち，相手を受け止める気持ちをもつとともに，人に自分の思いや考えを伝えたり，人の思いや考えを聴いたりすることができる力。また，友達と折り合って協力・協働することができたり，集団を引っ張ったり，リーダーをフォローしたりすることができる力。 | ①基本的マナー<br>②他者のことを考える力・思いやる力<br>③協力する力<br>④聴く力・伝える力<br>⑤リーダーシップ力（フォローアップ力） |

| | | | | |
|---|---|---|---|---|
| イ　自己理解・自己管理能力 | 自分が「できること」「意義を感じること」「したいこと」について，社会との相互関係を保ちつつ，今後の自分自身の可能性を含めた肯定的な理解に基づき主体的に行動すると同時に，自らの思考や感情を律し，かつ，今後の成長のためにすすんで学ぼうとする力。 | ・自己の役割の理解<br>・前向きに考える力<br>・自己の動機づけ・忍耐力<br>・ストレスマネジメント<br>・主体的行動 | 基本的生活習慣を身につけ，児童生徒自身の理解に基づいて，自分のよさを発揮したり，自分のことを肯定的に受け止めたりすることができる力。また，自らの思考や感情を律し主体的に行動することができる力。 | ①基本的生活習慣<br>②自己の理解<br>③自分を律する力<br>④主体的行動力 |
| ウ　課題対応能力 | 仕事をするうえでのさまざまな課題を発見・分析し，適切な計画を立ててその課題を処理し，解決することができる力。 | ・情報の理解，選択，処理<br>・本質の理解<br>・原因の追究<br>・課題発見<br>・計画立案<br>・実行力<br>・評価，改善<br>・課題を解決する力 | 児童生徒が学級や学校生活のなかからさまざまな課題を発見し，その解決の方法や計画を話し合って決定し，計画を立て，その解決に向けて行動・活動し，課題を解決することができる力。また，自らの活動を振り返り，次の活動につなげることができる力。 | ①見つける力<br>②見通す力<br>③課題解決力<br>④表現する力<br>⑤振り返る力 |
| エ　キャリアプランニング能力 | 「働くこと」の意義を理解し，自らが果たすべきさまざまな立場や役割との関連を踏まえて「働くこと」を位置づけ，多様な生き方に関するさまざまな情報を適切に主体的に取捨選択・活用しながら，自ら主体的に判断してキャリアを形成していく力。 | ・学ぶこと，働くことの意義や役割の理解<br>・多様性の理解<br>・将来設計<br>・選択<br>・行動と改善 | 「学ぶこと」「働くこと」「生きること」の意義を理解し，また，主体的に自分の生活，学習方法，生き方について考え，選択，行動，改善することができる力。 | ①学ぶこと，働くこと，生きることへの理解<br>②将来設計力<br>③選択・行動・改善力 |

※キャリア教育の定義，基礎的・汎用的能力の定義の具体的要素は以下の参考文献より抜粋。

文部科学省『中学校キャリア教育の手引き』pp.21-23，教育出版，2011

**資料2(ア)～(エ)　基礎的・汎用的能力を身につけた児童生徒の姿**

**(ア)人間関係形成・社会形成能力**

| 基礎的・汎用的能力の具体的要素 | | 前期 (小1・2) | 前期 (小3・4) | 中期 (小5・6) | 後期 (中1・2・3) |
|---|---|---|---|---|---|
| ア 人間関係形成・社会形成能力 | ①基本的マナー | ・朝や帰り，授業の始めと終わりの挨拶や，名前を呼ばれたときの返事を，大きな声ですることができる。<br>・「ありがとう」「ごめんなさい」の言葉を相手に伝わるように言うことができる。 | ・すすんで挨拶や返事をすることができる。<br>・相手に応じてふさわしい言葉遣い(「お・あ・し・す」など)ができる。<br>お＝おはよう<br>あ＝ありがとう<br>し＝失礼します<br>す＝すみません | ・心のこもった気持ちのよい挨拶や返事ができ，人間関係を豊かにすることができる。<br>・時と場を考えた言葉遣いやふるまいで，誰に対しても礼儀正しく接することができる。 | ・誰に対しても心のこもった気持ちのよい挨拶，人の話を真摯に聴く態度，はっきりした返事等，誰とも良好な人間関係を築くためのマナーを身につけている。<br>・時と場を考えた言葉遣いやふるまい，態度，身なりで，常日ごろから誰に対しても礼儀正しく接することができる。 |
| | ②他者のことを考える力・思いやる力 | ・いろいろな考えや思いがあることがわかる。<br>・友達のわからないことを教えてあげることができる。<br>・友達の失敗や過ちを許してあげることができる。<br>・一人でいる友達に声をかけ，仲間に入れてあげることができる。 | ・相手の話をしっかりと聴き，気持ちや考えを理解しようとする。<br>・友達のよいところを認め，励まし合うことができる。 | ・話し合いなどに積極的に参加し，自分と異なる意見も理解しようとする。<br>・思いやりの気持ちをもち，相手の立場に立って考え，行動することができる。 | ・他者の多様な個性や考え方，気持ちを理解し，自分から相手を認めることができる。<br>・他者のことを考え，他者のために行動しようとすることができる。 |

| | | | | | |
|---|---|---|---|---|---|
| ア　人間関係形成・社会形成能力 | ③協力する力 | ・わがままをせずに，友達と仲良くすることができる。<br>・自分なりによく考えて，話し合いに参加することができる。<br>・友達と力を合わせて学級の仕事に取り組むことができる。 | ・折り合いをつけながら，友達と協力して誰とでも話し合ったり，作業に取り組んだりすることができる。 | ・相手の気持ちや目的を考えながら，誰とでも話し合ったり，作業に取り組んだりして集団活動をよりよくすることができる。 | ・他者と力を合わせ，目的に向かって物事に取り組んだり，各個人のよさを発揮できるように仕事を分担して活動しようとしたり，できないところを助け合って物事を解決したりしようとすることができる。 |
| | ④聴く力・伝える力 | ・相手の話を最後まで聴く。<br>・自分の考えや気持ちを素直に伝えることができる。 | ・相手の顔や表情を見ながら，話を聴くことができる。<br>・自分の気持ちをわかりやすく伝えることができる。 | ・相手の話を聴いて受け入れることができる。<br>・自分の思いや意図を，言葉や表情，態度，行動などで伝えることができる。 | ・人の話をうなずきなど入れて，肯定的に聴くことができる。<br>・相手を意識しながら，臨機応変に思いや考えを伝えることができる。 |
| | ⑤リーダーシップ力 | ・約束したことは，忘れずに守ることができる。<br>・係や当番の活動を最後まで行うことができる。<br>・自分にできることは，手伝うことができる。<br>・年下の子に優しくすることができる（小２）。 | ・班活動や係活動，当番活動で友達と話し合いながら取り組み，よりよい活動となるよう改善ができる。<br>・前期の中で，下級生を意識して集会や活動を企画，運営することができる（小４）。 | ・異年齢集団の活動にすすんで参加し，自分の役割や責任を理解してその役割や責任を果たしつつ，集団の向上をめざすことができる。<br>（よい手本を見せる。はっきりとした声で話し，指示を出す。困っている下級生に声をかける。） | ・リーダーとしての意識と責任をもち，集団の向上をめざして行動することができる。また，セカンドリーダーになった際，リーダーをフォローすることができる（フォローアップ力）。<br>（手本となる。周囲や一人一人の気持ちや考えを把握する。集団に適切な指示を出す。集団を動かす。集団力を向上させるような声かけや話を行う。） |

資料２（ア）～（エ）　基礎的・汎用的能力を身につけた児童生徒の姿

（イ）自己理解・自己管理能力

| 基礎的・汎用的能力の具体的要素 | | 前期 | | 中期 | 後期 |
|---|---|---|---|---|---|
| | | （小１・２） | （小３・４） | （小５・６） | （中１・２・３） |
| イ 自己理解・自己管理能力 | ①基本的生活習慣 | ・元気に挨拶したり，返事したりすることができる。<br>・テレビやゲームは，時間を決めて見たりしたりすることができる。<br>・宿題をきちんとすることができる。<br>・家の手伝いをすることができる。<br>・早寝・早起きをすることができる。<br>・学習用具を忘れずに準備することができる。<br>・身の回りの整理整頓をすることができる。<br>・時間やきまりを守って行動することができる。 | ・すすんで挨拶をし，正しい言葉遣いをすることができる。<br>・テレビやゲームは，時間を決めて見たりしたりすることができる。<br>・すすんで宿題に取り組むことができる。<br>・家庭のなかで自分にできる仕事を見つけ実践することができる。<br>・早寝・早起きをすることができる。<br>・学習用具を忘れずに準備することができる。<br>・身の回りの整理整頓をすることができる。<br>・時間やきまりを守って行動することができる。 | ・心のこもった気持ちのよい挨拶や返事ができ，人間関係を豊かにすることができる。<br>・テレビやゲームの時間を制限することができる。<br>・宿題以外の勉強にも取り組むことができる。<br>・家族の一員であることを自覚して，自分にできる仕事を見つけて実践することができる。<br>・翌日のことを考えて，十分な睡眠を確保することができる。<br>・学習用具を忘れずに準備することができる。<br>・身の回りの整理整頓をすることができる。<br>・時間やきまりを守って行動することができる。 | ・場に応じた気持ちのよい挨拶ができ，人間関係を豊かにすることができる。<br>・テレビやゲーム，パソコン等の時間を制限し，時間を有効に使うことができる。<br>・自分の課題に合った宿題以外の学習にも取り組むことができる。<br>・家族の一員であることを自覚して，すすんで仕事を見つけて実践することができる。<br>・体調や予定に応じた睡眠時間を確保することができる。<br>・常日ごろから時間やきまりを意識した行動ができる。 |
| | | ・自分の好きなことを見つけることができる。 | ・自分のいいところに気づくことができる。 | ・自分の特徴に気づき，自分の興味関心や知識， | ・自分を客観的，多面的に見つめ，自分のことを表現す |

| | | | | | |
|---|---|---|---|---|---|
| イ　自己理解・自己管理能力 | ②自己の理解 | ・自分がやりたいことを素直に表現することができる。<br>・係活動や当番活動を通して，自分がしていることの大切さに気づくことができる。<br>・学級の役に立つと感じることができる。 | ・活動のなかで自分のよさに気づくことができる。<br>・係活動や当番活動などを通して，集団における自分の役割を見つけることができる。<br>・学級の役に立つと感じることができる。 | 特技などを生かして，生き生きと活動することができる。<br>・児童会活動や学校行事などを通して，集団における自分の役割を理解することができる。<br>・活動を通して学級や学校の役に立つと感じることができる。 | ることができる。<br>・自治的活動を通して，自分を肯定的に受け止めることができる。<br>・活動を通して学級・学校への所属感，自己有用感を感じることができる。 |
| | ③自分を律する力 | ・自分のことは自分ですることができる。<br>・めあてに向かって，最後までがんばることができる。 | ・自分やグループで決めためあてに向かって，最後まで努力することができる。<br>・苦手なことやいやなことに対しても，努力して取り組むことができる。 | ・やろうと決めたことややるべきことに対して，あきらめずに最後まで粘り強く取り組むことができる。<br>・気持ちが沈んでいるときややる気が起きないときも，気持ちを切り替えて活動に取り組むことができる。 | ・何事も前向きに捉えて，あきらめずに最後まで粘り強く取り組むことができる。<br>・次の目標をめざし，強い意志をもち，やり抜くことができる。 |
| | ④主体的行動力 | ・学習中の課題に対して，最後まで取り組むことができる。<br>・係活動や当番活動をすすんで行うことができる。 | ・めあてに向かって，すすんで課題に取り組むことができる。<br>・係活動や当番活動で自分でよいと思ったことをすすんで行うことができる。 | ・自分の課題を自覚し，自分の判断で生活や学習をよりよくしていこうとすることができる。<br>・係や委員会活動，学校行事などで，やるべきことやよいと思うことなどを考え，すすんで行うことができる。 | ・日常生活や学習において，より高い目標を立て，自分を高めていくことができる。<br>・自治的活動に対して，主体的・積極的・協同・協働的に取り組むことができる。 |

## 資料２(ア)～(エ)　基礎的・汎用的能力を身につけた児童生徒の姿

### (ウ) 課題対応能力

| 基礎的・汎用的能力の具体的要素 | | 前期 | | 中期 | 後期 |
|---|---|---|---|---|---|
| | | (小１・２) | (小３・４) | (小５・６) | (中１・２・３) |
| ウ 課題対応能力 | ①見つける力(課題発見力・目標設定力) | ・先生や友達と話し合いながら，生活や学習上の問題点に気づくことができる。 | ・生活や学習において，これまでの知識や経験を生かし，課題を見つけることができる。 | ・生活や学習において，これまでの知識や経験を生かして問題点を見つけ，自らの課題を設定し，課題意識をもつことができる。 | ・生活や学習において問題点やよりよい方向性を見つけ，目標を設定することができる。 |
| | ②見通す力(計画立案力) | ・課題を解決するために，何をすればよいか考えることができる。 | ・課題を解決するために，これまでの経験や知識を生かし，見通しをもつことができる。 | ・活動の見通しをもち，課題を解決するために，何をいつまでにどれだけすればいいのかを考えることができる。 | ・PDCA サイクルを意識した細かな計画を立てることができる。 |
| | ③課題解決力 | ・問題解決に向けて出された方法から，よいと思うものを選ぶことができる。<br>・自分が決めためあてに向かって活動することができる。<br>・問題を解決するために考えたことを表現することができる。<br>・みんなで決めたことを実行することができる。 | ・課題解決に向け，必要な情報を収集することができる。<br>・解決に向けて，いろいろな方法を考え，工夫して解決することができる（個人)。<br>・解決に向けて，友達と話し合うことができる(グループ)。<br>・みんなで決めた計画を実行することができる。 | ・課題解決に必要な情報を収集し，取捨選択して活用することができる。<br>・解決に向けて，いろいろな方法を考え，工夫して解決することができる(個人)。<br>・解決に向けて，友達と話し合い，よりよい解決法を導くことができる(グループ)。<br>・決めた計画を実行することができる。 | ・課題に対して，情報の収集・整理・分析をすることができる。<br>・解決に向けて，複数の方法で考察・検証することができる（個人)。<br>・解決に向けて，集団で話し合い，よりよい解決法を導くことができる（グループ)。<br>・決めた計画を実行することができる。 |

| | | | | | |
|---|---|---|---|---|---|
| ウ 課題対応能力 | ④表現する力 | ・わかったことや気づいたことを順序立てて言ったり，文章に書いたりすることができる。<br>・思ったことや感じたことを，体の動きや歌，楽器，ものを作ることで表現することができる。 | ・聴き手・読み手に伝わるようにわかったことや思ったことを順序立てて言ったり，文章に書いたりすることができる。<br>・考えたことや思ったことを，身体や音楽，造形によって表現することを楽しむことができる。 | ・「まず・次に……」「例えば」「理由は」などの言葉を使って友達に説明したり，発表したりすることができる。<br>・考えたことや思ったこと，感じたことを身体や音楽，造形によって表現することができる。<br>・個やグループ，全体で話し合った意見や考え方，結果をまとめることができる。 | ・考えや結果，理由などを，論理的に，かつ，構成を工夫して，言語などで書き表したり，人やクラス全員にわかりやすく説明したり，プレゼンテーションを行ったりすることができる。<br>・思考したこと，思ったこと，感受したことを，身体や音楽，造形によって，表現することができる。<br>・個やグループ，全体で考えた意見や考え方，結果を条件に合わせて，まとめることができる。 |
| | ⑤振り返る力 | ・めあてをもとに，がんばったことやわかったこと，楽しかったこと，困ったことなどを振り返ることができる。<br>・見つかった問題点について，これからどうしていったらよいか考えることができる。 | ・自分の計画や実践したことについて振り返ることができる。<br>・友達の実践を振り返り，よい点をこれからの自分の活動に生かすことができる。 | ・自分の計画や実践したことについて振り返り，めあてを達成できたか，課題は何かを確認することができる。<br>・学んだこと，経験したことを次に生かして，生活や学習をよりよくしていこうとすることができる。 | ・目標と結果を照らし合わせ，客観的かつ具体的で適切な自己評価を行うことができる。<br>・学んだこと，経験したことを生かして，明日からの学校生活を送ったり，学校行事等に取り組んだりすることができる。 |

**資料２(ア)～(エ)　基礎的・汎用的能力を身につけた児童生徒の姿**

**(エ) キャリアプランニング能力**

| 基礎的・汎用的能力の具体的要素 | | 前期 | | 中期 | 後期 |
|---|---|---|---|---|---|
| | | (小１・２) | (小３・４) | (小５・６) | (中１・２・３) |
| エ　キャリアプランニング能力 | ①学ぶこと，働くこと，生きることへの理解 | ・身近で働く人々の様子がわかり，興味・関心をもつ。<br>・係や当番の活動に取り組み，それらの大切さがわかる。 | ・いろいろな職業や生き方があることがわかる。<br>・係活動や当番活動に友達と協力しながら取り組み，互いの役割や役割分担の必要性がわかる。 | ・身近な産業・職業の様子やその変化がわかる。<br>・身近な職業人とのふれあいや係・委員会活動などへの取り組みから，仕事に対するやりがいを感じ，働くことの意義を理解することができる。 | ・「学ぶこと」「働くこと」「生きること」の意義を理解することができる。<br>・今学んでいることや活動していることが，将来の仕事や生き方につながっていることを理解することができる。 |
| | ②将来設計力 | ・自分の成長に気づき，今の将来の夢を考えることができる。<br>・家の手伝いや割り当てられた仕事・役割の必要性がわかる。 | ・夢や目標に向かって，計画づくりの必要性に気づき，そのために今できることを考えることができる。 | ・夢や目標に向かって，今やるべきことを具体的に考えることができる。 | ・夢や目標を達成するために存在する課題や困難，社会の現実を踏まえながらも，前向きに，それらを解決するための具体的な方法を考え，夢や目標を実現させるための計画・設計を立てることができる。 |
| | ③選択・行動・改善力 | ・学習や生活のなかで，やりたいことを取り入れて行動に移すことができる。<br>・係や当番の活動などで，うまくいかないときに，やり方を工夫することができる。 | ・学習や生活のなかで，良いと思うことを取り入れて行動に移したり，工夫したりできる。 | ・生活や学習上の課題を見つけ，改善に向けた工夫を考え，実践することができる。<br>・自分の夢や目標に向かって，その実現のために生活や学習の仕方を工夫しようとする。 | ・自分の夢や目標の実現のために，さまざまな情報を取捨選択したり，これから実行することを選択したりして，実際の行動に移し，うまくいかないときには改善していくことできる。 |

# 4 教育課程の実践1 今ある“宝”と資質・能力

## 1 教科等における具体的な方策（芙蓉メソッド）の工夫

### 芙蓉校メソッドについて

芙蓉校メソッドとは，小中9年間の指導の一貫性を図るために，授業づくりの方策（メソッド）を小中共通の視点（アングル）から捉えたものです（**表1**は芙蓉校メソッドの一部　次ページ以降**資料1**は全体）。

**表1**　芙蓉校メソッド

| | アングルA（つながり） | アングルB（今もっている力の活用） | アングルC（共に学ぶ力） | アングルD（学んだ知識・力の利用） |
|---|---|---|---|---|
| 教師の視点（アングル） | 1　小中9年間のつながり<br>2　単元内のつながり<br>3　授業の中のつながり | 1　児童生徒がもっている力を最大限に活用する。<br>2　一人一人によりそった指導をする。 | 1　学び合い，高め合う力を育成する。<br>2　話す力，説明する力，発表する，聴く力を育てる。 | 1　学びを評価させ，それを次の学習に生かす。<br>2　獲得した知識・技能を新しい問題解決場面で活用させる。<br>3　他の単元や教科で学んだ知識を関連させる。<br>4　学んだ知識・力を生活場面や社会で生かす。<br>5　家庭学習との関連を図る。 |
| 指導の方策（メソッド） | ・学習系統表の利用<br>・学習計画表の利用<br>・授業の流れの工夫 | ・自力解決の場の設定<br>・思考・表現をサポートする手立て | ・ペア活動<br>・固定型のグループ活動<br>・自由型のグループ活動<br>・クラス全体で学び合う活動 | ・自己活動<br>・ポートフォリオ評価<br>・他者評価<br>・評価規準の共有化 |

キャリア教育の取り組み以前，平成16年度から全職員で共通理解をしながら実践を継続してきているもので，児童生徒の実態や目標，学習内容および方法等の変化に合わせて改善を行ってきた芙蓉校の宝といえます。

**資料1　芙蓉校メソッド（指導の視点と方策）**

| 指導を考えるときの教師の視点（アングル） | | | 指導・授業の方策（メソッド） | | 基礎的・汎用的能力を身につけた児童生徒の姿 | | | |
|---|---|---|---|---|---|---|---|---|
| | | | | | ア | イ | ウ | エ |
| A | つながり | 1　小中9年間のつながり<br>2　単元内のつながり<br>3　授業の中のつながり | 学習系統表の利用 | 小中9年間の学習系統表の利用 | | | ○ | |
| | | | 学習計画表の利用 | 単元ごとの学習計画表の利用 | | | | |
| | | | | 児童生徒と作る学習計画表 | | | | |
| | | | 授業の流れの工夫 | めあてカードの利用と振り返り活動 | | | | |
| B | 今もっている力の活用 | 1　児童生徒がもっている力を最大限に活用する。<br>2　一人一人によりそった指導をする。 | 自力解決の場の設定 | 1人で答えや意見を考えたり，表現したりする活動 | | | ○ | |
| | | | 思考・表現をサポートする手立て | 考えたり，表現したり，説明・発表したりするためのポイント・視点を，活動する前，途中で示す | | | | |
| | | | | 考えを補助するための，模型やヒントカード等の道具の準備 | | | | |
| C | 共に学ぶ力 | 1　学び合い，高め合う力を育成する。<br>2　話す力，説明する力，発表する，聴く力を育てる。 | ペア活動 | 隣の友達同士で問題を出し合わせたり，説明させ合ったり，質問を返させたりするペア活動 | ○ | | ○ | |
| | | | 固定型のグループ活動 | 少人数の班で，意見交換などを行い，考えを広げたり，導いたり，まとめさせたりするグループ活動 | | | | |
| | | | | 少人数の班で，説明を考えたり，説明させ合ったりするグループ活動 | | | | |
| | | | | 少人数の班で，共通のイメージ・同じ目的をもたせて，創作活動などを行うグループ活動 | | | | |
| | | | | 全員が司会進行役（ファシリテーター）になり，ホワイトボードを利用して，集団思考を深めるホワイトボード・ミーティング | | | | |

| | | | | | | | | |
|---|---|---|---|---|---|---|---|---|
| | | | | 付箋法・ブレインストーミング法などで個々のアイデアを引き出し，それぞれのアイデアを組み合わせるなどして，新しいアイデアを引き出す活動 | ○ | | | |
| | | | 自由型のグループ活動 | 友達の考えと似ているところ，違うところを，自由に動いて見つける活動 | | | | |
| | | | | 児童生徒が自由にかかわりながら学習を行う「学び合い」活動 | | | | |
| | | | クラス全体で学び合う活動 | 個人で考えたことやグループで考えたことを発表する活動 | | | ○ | |
| | | | | 電子黒板やホワイトボードなどを使って，活動の結果や考えたことを共有する活動 | | | | |
| | | | | 考えたことや発表したことをクラスでグルーピングする活動 | | | | |
| | | | | クイズ形式で発表を行う活動 | | | | |
| | | | | クラスを分けて討論を行う活動 | | | | |
| | | | | 児童生徒に司会をさせる活動 | ○ | | | |
| | | | 表現の型を学ばせる手立て | 話し方（話型），説明の仕方，発表の仕方の掲示・説明・支援 | | | | |
| D | 学んだ知識・力の利用 | 1　学びを評価させ，それを次の学習に生かす。<br>2　獲得した知識・技能を新しい問題解決場面で活用させる。<br>3　他の単元や教科で学んだ知識を関連させる。<br>4　学んだ知識・力を生活場面や社会で生かす。<br>5　家庭学習との関連を図る。 | 評価活動 | 振り返る際のポイントを示して行う自己評価 | | ○ | ○ | |
| | | | | 点数化して行う自己評価，また点数の推移をグラフにするなどして視覚化して行う振り返り。 | | | | |
| | | | | 自己評価を１つの表に書きこんでいく活動（ポートフォリオ評価） | | | | |
| | | | | 友達に評価させる他者評価 | | | | |
| | | | | 思考や行動についての評価規準の作成とその評価（パフォーマンス評価） | | | | |
| | | | | 児童・生徒との評価基準の共有化 | | | | |

## 2 芙蓉校メソッドと基礎的・汎用的能力

キャリア教育の視点を取り入れた授業を展開するために，授業を構成するうえで重要な３点「①方法」「②目標」「③内容」それぞれから，基礎的・汎用的能力が育めると仮説を立てました。その３点のうち「①方法」と「②目標」に特に注目して研究を深めました。

### 芙蓉校メソッドを利用して基礎的・汎用的能力を育成する手立て

授業の中で基礎的・汎用的能力を育成するために，芙蓉校メソッドを用いる方法を研究しました。芙蓉校メソッドとは各授業のねらいを達成するために用いる方策ですが，その方策にキャリア教育の視点を盛り込み，基礎的・汎用的能力の育成も図りました。

例えば，中学部数学科では芙蓉校メソッド「アングルＣ」の視点から，方策として「学び合い」を用いて授業で行っています。「学び合い」とは，授業の課題を学級全員で協力して解決する学習です。学級全員が解決できるように生徒が協力することから，人間関係形成・社会形成能力の「③協力する力」を育て，また，解決方法を主体的に選択していく活動のために，課題解決能力の「③課題解決力」を育てることもできます（**図１**）（PART２−３表１・章末資料１参照）。

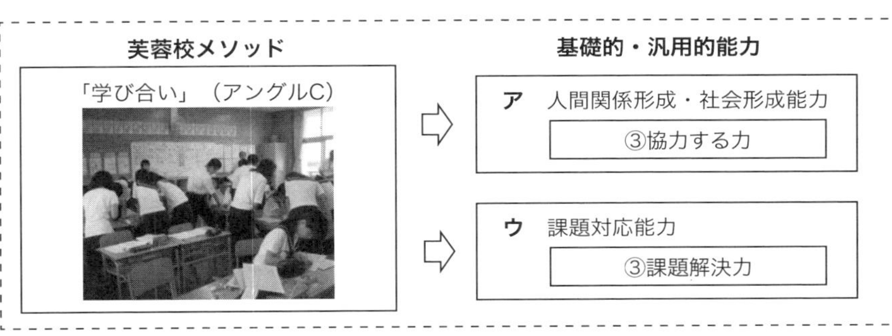


**図１**　芙蓉校メソッドと基礎的・汎用的能力

## 3 目的と手段の整理

芙蓉校メソッドという方策を用いて基礎的・汎用的能力を育成しようとする場合，本研究で気をつけたのは，ただその芙蓉校メソッドを行うだけでは，基礎的・汎用的能力を育成できるものではないと考え，その方策に基礎的・汎用的能力の意味や価値をつけていく工夫を行ったことです。例えば，グループ学習で人間関係形成・社会形成能力の「③協力する力」を育てる場合，グループ学習を行う前には，どのように協力するのかを説明したり，協力することの重要性を語って取り組ませたりすることが考えられます。また，活動中に，どのように協力すればいいのかを声かけすることも考えられます。さらに最後の振り返りにおいて，協力することができたかを確認したり，教師が最後のまとめでそのことについて言及したりすることができます。

取り組みのなかで，どうしても方策（メソッド）を用いることが目的化してしまう場面が見られることから，目的（基礎的・汎用的能力の育成）と手段（芙蓉校メソッドの活用）を繰り返し確認する必要性が出てきました。

そこで，指導案でも，どの方策で何の力を育成するかを本授業の提案ポイントとして，明確に書き出すこととしたのです。さらに，指導案の展開部分では，授業のどの場面でどのような留意点をもって行うかを明記しました。この留意点がさきほどの方策に基礎的・汎用的能力の意味や価値をつけていく工夫となります（次ページ**図２**）。

## 4 授業のねらいと基礎的・汎用的能力

特に，学級活動では，その目標を達成するために，互いの意見や考えの違いを超え，よさを生かしながら合意形成を図ったり，効果的に意思決定につなげたりする「話し合い活動」（芙蓉校メソッドアングルＣ）を重視して取り組みました（次ページ**写真１**）。また，新たな目標や課題を見つけたり，活動の過程を見直すことで自己理解や話し合いの内容を深めたりできる「振り返り活

(3) 本授業の提案ポイント～芙蓉校メソッドの視点から～

| | 芙蓉校メソッド |
|---|---|
| ★ | 生徒が自由にかかわりながら考えたり，説明し合ったり，教え合ったりして，クラス全員がめあての達成をめざす「学び合い」活動を行わせる。（アングルC） |

| | 基礎的・汎用的能力 |
|---|---|
| ア | 学級全員ができるようになることをめざして行動することができる。（③協力する力） |
| ウ | 自分一人で考えたり，人と一緒に考えたりして，いろいろな解決方法を自ら考えて課題を解決することができる。（③課題解決力） |

(4) 展開

| 練り合う | 3 各自で課題解決を図ったり，他の生徒と自由にかかわり合ったりしながら，課題解決に取り組む。 | ★ 課題解決のために生徒同士が一緒に考えたり，解決できた生徒ができていない生徒に教えたり，解決できた生徒同士が説明し合ったりするなど，全員のめあて達成のために，他の生徒と自由にかかわりながら学習し，教師も全員のめあて達成のために支援を行う「学び合い」を行わせる。（アングルC） |
|---|---|---|

**図2　数学科の指導案から**

**写真1　話し合い活動の様子**

動」（芙蓉校メソッドアングルD）も重視しました。

授業のねらいを達成することで，基礎的・汎用的能力の育成につながる授業もあります。次ページ**図3**は指導案の「指導のねらい」ですが，それぞれのねらいを達成することで，自己理解・自己管理能力の「④主体的行動力」，人間関係形成・社会形成能力の「③協力する力」，キャリアプランニング能力の「③選択・行動・改善力」（PART 2－3表1・章末資料1参照）を育成することができます。

**指導のねらい**
○文化発表会の目標達成に関心をもち，集団で協力し，同時に自立・自主的に活動する態度を養う。
○学級の一員としての自覚をもち，仲間を信頼し支え合い，思考・判断し学級に対する所属感を深める。
○文化発表会での自分自身の行動等を見直し，各人が今後の生活や行動について考えを深める。

**図３　中２学級活動「エピソードをもとにした文化発表会の振り返り」の指導案**

そのような授業を，各教科等で整理し，実際，基礎的・汎用的能力の育成を意識して授業を行いました。特に特別活動はその目標を達成することで，基礎的・汎用的能力の育成につながるため（PART２-６参照），学級活動を中核として多くの実践を行いました（PART２-６参照）。

## 5 学習内容（題材）と基礎的・汎用的能力

授業の内容で取り組んでいることが，直接的に基礎的・汎用的能力につながるものがあります。また，今の学びを社会につなげることもキャリア教育としては重要です。各授業においても，授業の内容が，基礎的・汎用的能力にかかわったり，社会につながったりするものを整理する必要が出てきました。

例えば，中３学級活動「キャリアプランを作ってみよう」では，人生設計を自分の目標から作っていくことが，基礎的・汎用的能力のキャリアプランニング能力の「②将来設計力」を育成するにつながるはずです。小４総合的な学習の時間「わたしとボランティア」では，福祉施設での交流会の内容を考える活動ですが，このような活動はまさに社会とつながりを学ぶことになります。

また，中３数学科の授業「相似な図形」では，世の中に相似が使われている例として，土地の測量や天体までの距離の測定，障害物を三次元的に認識する車の自動ブレーキの仕組みを説明することができます。

さらに，学校の掲示物にも，今の学びと社会をつなげることを意識しました。例えば，数学科では数学が社会につながる内容を盛り込んだ数学通信を貼り出したり，社会科では新聞記事の切り抜きを貼り出したりしました。

このように，これらの取り組みは重点的な視点ではありませんでしたが，各教科や各職員（教師）でキャリア教育にかかわる内容を意識した教育活動が展開されていきました。

## 6 これまでの“宝”芙蓉校メソッドを生かす

すべての教科においての取り組みという視点から，芙蓉校メソッドを取り入れた授業の流れを検討しました。児童生徒の考える力は学習過程で，連続した思考の流れとなっています。その思考の流れの中で，芙蓉校メソッドをどの段階に入れていくのかを示したのが次ページ**図４**です。これに従って，アングルを取り入れた授業づくりを行っています。

また，学習過程「つかむ－見通す－さぐる－練り合う－まとめる・振り返る－生かす」も，アングルＡ～Ｄとリンクしていて，小中学校で共通した授業のプロセスとしました。例えば，アングルＡの観点からめあての掲示，アングルＤの観点から振り返り活動を，各授業で取り入れました。各教室に，めあてカードとまとめカードを常備し，授業の最初にはめあてカードを使って本時の目標を伝え，振り返り活動では，まとめカードを使って学習内容や学習過程をまとめたり，確認テストを行ったりすることを徹底しました。このように学習過程や授業の形態を統一することで，授業者や学年が変わっても，児童生徒は戸惑いなく学習に臨むことができるようになりました。

この芙蓉校メソッドを適切にブラッシュアップし，教育効果を高めるために欠くことができなかったのが授業研究会です。芙蓉校では研究授業を３種類の形態で行っています。１つ目は通称「大研」と言い１クラスで行っているもので，年度最初に模範授業として行われ，全職員で参観します。２つ目は通称「中研」と言い２クラスで行うもので，年度途中の軌道修正を行うために実施します。「大研」「中研」は事前の指導案検討会，授業研究会を実施します。通称「小研」は職員（教師）各自が行います。全職員は必ず年に１回以上研究授業を行っています。また，それぞれの研究授業において準備から実施後までの流れと役割分担を明確に決めておくことで，研究が円滑に進められるように工夫しています。

芙蓉校の授業研究会はＫＪ法（情報をカード化することで整理と分析を行う方法）によるグループ討議の形態をとっています。まず，グループに分かれ，各グループで，授業評価票に記入した気づきを，付箋（良かった点は青色の付箋・改善点はピンク色の付箋）に記入し，それをもとに話し合いを行います（次ページ**写真２**）。学年や教科は異なっていますが，共通の視点からアプローチすることで活発に話し合いが行われます。最後にそれぞれの良い点，改善点

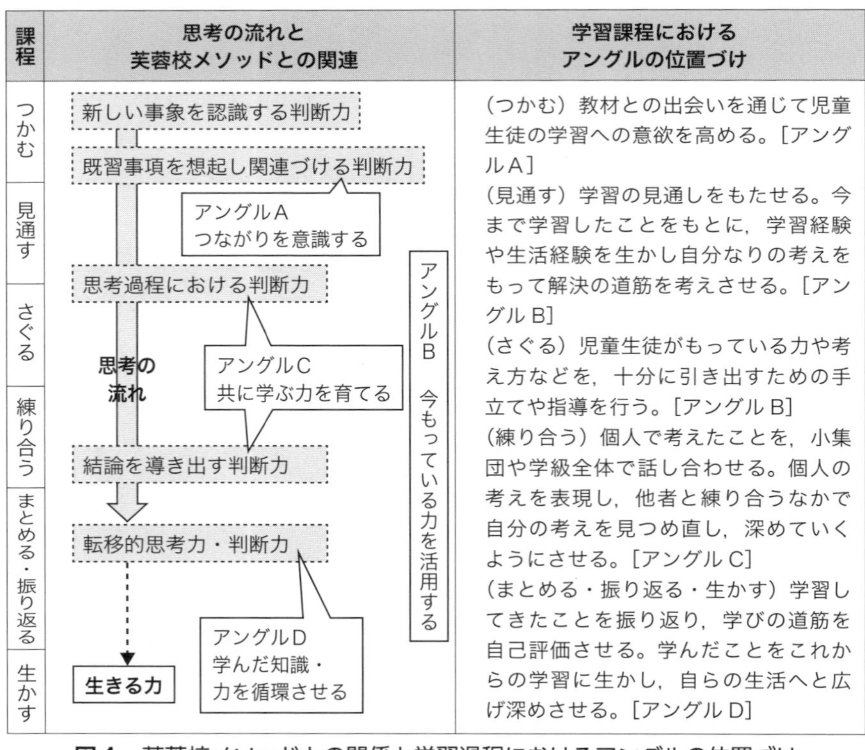


**図４**　芙蓉校メソッドとの関係と学習過程におけるアングルの位置づけ

を言葉でまとめ，その結果をグループごとに発表し合うことで，研究授業の成果と課題を全職員で共通理解することになります（**写真３**）。

**写真２**　話し合いの様子

**写真３**　発表の様子

## 7 指導案様式の統一

芙蓉校では校種や教科が違っても指導方法を共有するためと，芙蓉校メソッドを全職員が意識して行うために，指導案の様式を統一しています（**資料２**）。

**資料２**　指導案様式

**○学部第○学年　○○○学習指導案**

指導者　小学部教諭　○○　○○（Ｔ１）
　　　　中学部教諭　○○　○○（Ｔ２）

**１　単元（題材）**□□□

※特別活動の場合は「題材」とする。

①題名は14ｐ，その他は11ｐまたは10.5ｐ
②余白は上下左右は20mm
③行数・文字数は作成者が自由に設定してよい。
④フォントはＭＳ明朝とする。
⑤「、」はすべて「，」
⑥Ａ4の４ページとする。

**２　本単元（題材）とその指導について**

○（単元観）（題材観）

・本単元や題材の意義，価値，ねらい等
・本単元や題材と基礎的・汎用的能力の育成とのつながり

○（児童生徒観）

・本単元・題材に関する児童生徒や学級の実態
・既習事項の知識や技能の習得の程度
・内容への興味や関心の程度
・レディネステストやアンケートの結果
・実態を踏まえたこれまでの指導の経緯

※特別活動の場合，２は
○（児童生徒の実態）
○（題材設定の理由）
でもよい。

○（指導観）

・実態を踏まえた指導方法，指導形態の工夫，経緯等
・本単元・題材で身につけることができる能力とその育成について
・本単元・題材でめざす児童生徒や学級の変容
・基礎的・汎用的能力の育成（キャリア教育の視点）について
・ＴＴの場合は，それぞれの役割やＴＴの意義について

**3　単元の目標**

※特別活動の場合は，「指導のねらい」とする。

○
○

**4　単元の評価規準**

※特別活動の場合は，「本実践における評価規準」とする。

（数学の例）

| （あ）関心・意欲・態度 | （い）思考・判断・表現 | （う）技能 | （え）知識・理解 |
|---|---|---|---|
| | | | |

（特別活動の例）

| （あ）集団活動や生活への関心・意欲・態度 | （い）集団や社会の一員としての思考・判断・実践 | （う）集団活動や生活についての知識・理解 |
|---|---|---|
| | | |

**5　指導と評価の計画**

※特別活動の場合は，「事前の指導と児童（生徒）の活動」とする。

（全５時間　本時４／５）

・指導と評価の計画は，各教科の特性に合わせて作成者が変えてよい。
・指導の評価の計画表作成の際は，文字の量が多くなることがあるため，フォントをＭＳＰ明朝にしたり，大きさを下げたりしてよい。ただし，大きさは８ｐを最低限とする。

（例）

| 次 | 時 | 学習活動 | 指導方法 | 評価観点（方法） |
|---|---|---|---|---|
| 1 | 1 | | | あ（小テスト） |
| | 2 | | | |
| | 3 | | | い・う（ノート） |
| 2 | 4 本時 | | | |
| | 5 | | | |

学習活動の代わりに「教材名」を書いてもよい。

「指導上の留意点」としてもよい。

（数学の例）

| 時 | めあて | 学習活動 | 評価規準（評価方法） | | | |
|---|---|---|---|---|---|---|
| | | | 関心・意欲・態度 | 思考・判断・表現 | 技能 | 知識・理解 |
| 4 | 小単元２ | | | | | ◎ |
| 5<br>本時 | | | | | ◎正負の乗法・除法ができる。（小テスト） | ◎ |

「○」については，学習指導の過程における評価を中心とし，原則として全児童（生徒）の記録を取らない。
「◎」については，単元における総括の資料とするための評価とし，全児童（生徒）の記録を取る。

（外国語の例）

| 時間 | ○ねらい　・学習活動 | 評価規準 | 評価方法（◇）とその進め方 |
|---|---|---|---|
| 1 | | え① | |
| 2 | | | |
| 3 | | | |

（特別活動の例）

| 期　日 | 活動の場 | 活動の内容 | 指導上の留意点 | 評価観点（方法） |
|---|---|---|---|---|
| 月　日（　） | | | | あ（観察） |
| | | | | い（評価カード） |
| | | | | |

**6　本時について**（４／５）

（1）目標

○ □□□□□□□□□□□□□□□□ ⇒ ア　人間関係形成・社会形成能力（③協力する力）

※特別活動の場合，（1）（2）は
（1）課題あるいは活動テーマ
（2）ねらい
となる。評価基準はなくてもよい。

目標達成そのものが基礎的・汎用的能力の育成につながる場合，その領域とその要素を記入する。

（2）評価規準

○ （イ　思考・判断・表現）
○ （ウ　技能）

そろえる。

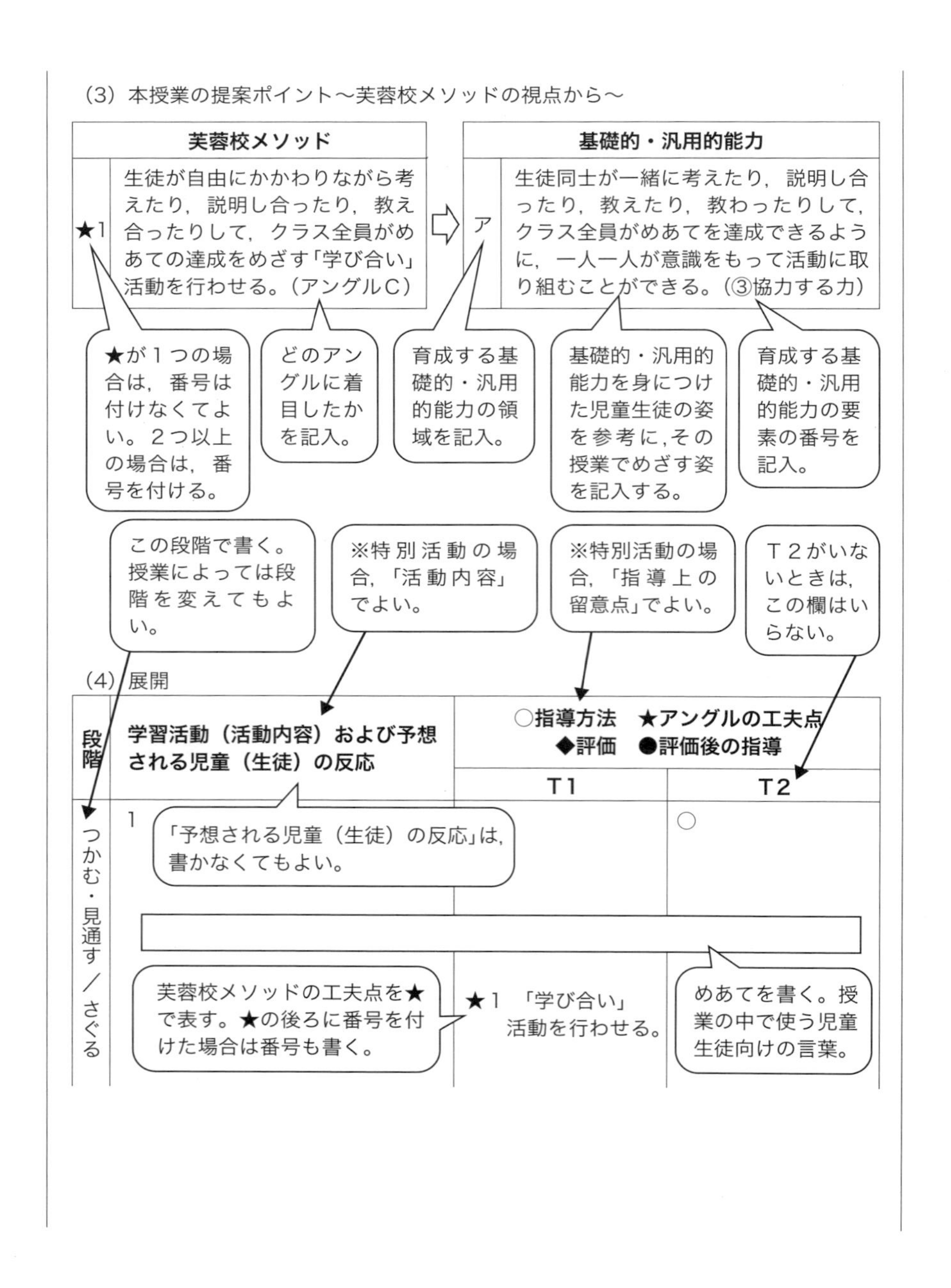
(3) 本授業の提案ポイント〜芙蓉校メソッドの視点から〜
芙蓉校メソッド
★1 生徒が自由にかかわりながら考えたり，説明し合ったり，教え合ったりして，クラス全員がめあての達成をめざす「学び合い」活動を行わせる。(アングルC)
基礎的・汎用的能力
ア 生徒同士が一緒に考えたり，説明し合ったり，教えたり，教わったりして，クラス全員がめあてを達成できるように，一人一人が意識をもって活動に取り組むことができる。(③協力する力)
★が1つの場合は，番号は付けなくてよい。2つ以上の場合は，番号を付ける。
どのアングルに着目したかを記入。
育成する基礎的・汎用的能力の領域を記入。
基礎的・汎用的能力を身につけた児童生徒の姿を参考に，その授業でめざす姿を記入する。
育成する基礎的・汎用的能力の要素の番号を記入。
この段階で書く。授業によっては段階を変えてもよい。
※特別活動の場合，「活動内容」でよい。
※特別活動の場合，「指導上の留意点」でよい。
T2がいないときは，この欄はいらない。
(4) 展開
段階
学習活動(活動内容)および予想される児童(生徒)の反応
○指導方法 ★アングルの工夫点 ◆評価 ●評価後の指導
T1
T2
つかむ・見通す／さぐる
1
○
「予想される児童(生徒)の反応」は，書かなくてもよい。
芙蓉校メソッドの工夫点を★で表す。★の後ろに番号を付けた場合は番号も書く。
★1 「学び合い」活動を行わせる。
めあてを書く。授業の中で使う児童生徒向けの言葉。

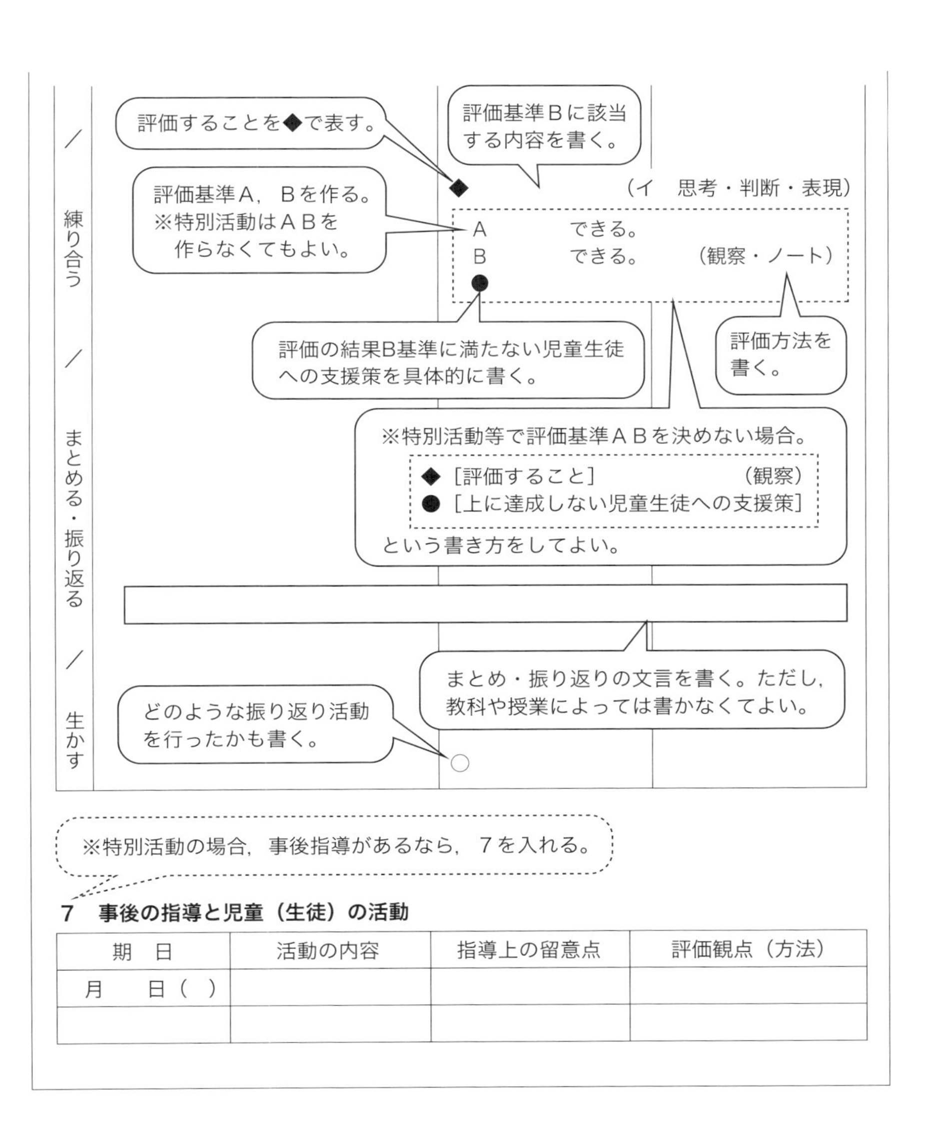


※特別活動の場合，事後指導があるなら，７を入れる。

**7　事後の指導と児童（生徒）の活動**

| 期　日 | 活動の内容 | 指導上の留意点 | 評価観点（方法） |
|---|---|---|---|
| 月　　日（　） | | | |
| | | | |

## 8 授業評価票の活用

研究授業を参観するとき，職員（教師）は授業評価票に気づき（良かった点，改善点など）を記入します。項目は指導案の授業の提案ポイントとリンクし，授業中の児童生徒の様子を観察する視点となります。観察者はそのことについて気づきを授業評価票に記入しておきます。次にそれをKJ法によるグループ討議の際に使用し，授業評価票の各項目について話し合いを行います。授業評価票を使うことにより，目的に沿った話し合いを行うことができるようになりました（**資料3**）。

**資料3　授業評価票（観察者用）**

**授業評価票（観察者用）**

目的　○教師の授業力を高める。
　　　○教師集団の授業評価力を高める。
　　　○研究内容の吟味を行う。

佐賀市立小中一貫校芙蓉校
観察者（　　　　　　　）

授業をよりよいものにするための評価であり，観察者の意見を参考にするためのものなので視点にそって評価してください。

科目名（　　　）　月　日　曜日　校時　場所（　　）授業者（　　　）

**〈話し合いの柱〉**
**・芙蓉校メソッドの活用等は，基礎的・汎用的能力を高める手立てになったか。**
**・本時の活動は，基礎的・汎用的能力の育成につながったか。**

※気づきを付箋に書いてください。授業研究会で使います。（良かった点→青　改善点→ピンク）

| | 基礎的・汎用的能力を高めるための手立て・活動 | めざす生徒の姿 | 観察者の気づき |
|---|---|---|---|
| ★ | 生徒全員が司会進行役（ファシリテーター）になり，ホワイトボードを利用し | ア　グループみんなで解決策を考えることができる。（③協力する力） | |

| | | | |
|---|---|---|---|
| | て，集団思考を深める話し合いの技法であるホワイトボード・ミーティングを用いた話し合いを行わせる。(アングルC) | ウ　ホワイトボードを使った発散・収束・活用により問題解決を図ることができる。(③課題解決力) | |
| ○ | ねらいの１つである「自分の学習の課題や悩みの改善方法を話し合いにより考えることができる。」をめざした本時の活動 | イ　自主的な学習意欲の向上(④主体的行動力) | |

| 他の手立て | 観察者の気づき |
|---|---|
| | |

※★は指導案の授業の提案ポイントとリンク
○は指導案の６（１）目標とリンク

# 5 教育課程の実践2 教科における実践

## 1 各教科における実践例

各教科の授業では，芙蓉校メソッドを活用して，基礎的・汎用的能力の育成（PART２-３表１・２，資料１・２，PART２-４表１，資料１を参照）を図りました。

**写真1　辞典の使い方の説明**

**ア　国語**

①**「国語辞典の使い方を知ろう」**（小３）

小学部３年生で，国語辞典の使い方を学ぶ学習を行いました（**写真１**）。クイズ等をみんなで考える（アングルＣ）ことで，人間関係形成・社会形成能力の「③協力する力」の育成を図りました。

②　**「テクノロジーとのつきあい方」「テクノロジーと人間らしさ」**（中３）

中学部３年生で，２つの文章を読み比べて，テクノロジーと人間の関係に対する考え方の共通点と相違点を話し合わせ（アングルＣ），最後に自分の立場を明らかにして自分の考えをまとめさせる（アングルＢ）授業を行いました。この授業では，人間関係形成・社会形成能力や自己理解・自己管理能力の育成を意識しました。

**イ　社会「人口ピラミッドについて」**（中２）

中学部２年生では，人口問題について学び，その後に，自分が住んでいる地域の人口を増やすためのアイデアを話し合いました（アングルＣ）。この学習により，課題対応能力の「③課題解決力」の育成を図りました。

**ウ　算数・数学**

①　**「広さを調べよう」**（小４）

小学部４年生で，面積の求め方について考えさせました。まず個人で考えさせ，次にグループで自分の考えを説明させました。最後は全体の場で発表し，相違点や類似点を話し合い，面積の求め方をまとめていきました（アングルＣ）（**写真２**）。この授業では課題対応能力の「④表現する力」の育成を意識しました。

**写真２**　グループで説明させている様子

②　**「図形と相似」**（中３）

中学部３年生では，教室の天井までの高さを求める授業を，クラス全体で学び合う「学び合い」活動で行いました（アングルＣ）（**写真３**）。この活動により，人間関係形成・社会形成能力の「③協力する力」等の育成をめざしました。

**写真３**　「学び合い」

**エ　理科**

①　**「てこのはたらき」**（小６）

小学部６年生で，少人数グループでてこがつり合うときのきまりを，どのように見つけるか考えさせることで，課題対応能力の「②見通す力」の育成をめざしました（**写真４**）。

**写真４**　てこの実験

**写真５**　規則性について考えている様子

②　**「電流とその利用」**（中２）

中学部２年生では，電圧の大きさの規則性について，グループで「学び合い」活動で考えさせることで（アングルＣ）（**写真５**），人間関係形成・社会形成能力の「③協力する力」の育成をめざしました。

**オ　音楽「音の特徴を生かして音楽を作ろう」**（小４）

小学部４年生で，グループでイメージに合った音楽をつくる授業（**写真６**）を行いました。共通イメージをもたせてグループで創作させたり，グループのイメージに合うように工夫を行わせたりすることにより（アングルＣ），人間関係形成・社会形成能力や課題対応能力の育成を図りました。

**写真６**　音を表す図形を選んでいる様子

**カ　図画工作・美術「ひもひもワールド」**（小３）

小学部３年生で，広い空間をひもなどで形作る活動に取り組ませました（**写真７**）。その授業では，児童が自由にかかわりながら話し合ったり，説明し合ったり，作業したりする学び合いを通して（アングルＣ），人間関係形成・社会形成能力の「③協力する力」の育成をめざしました。

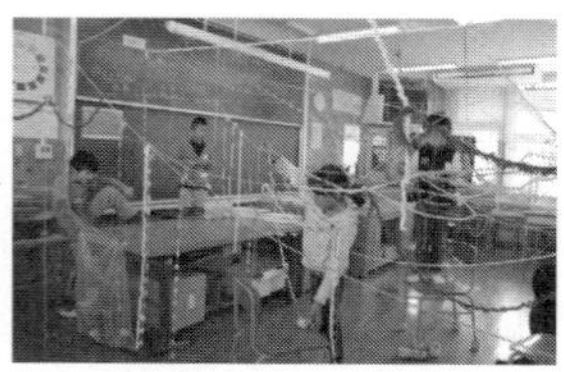
**写真７**　教室をひもで形作っている様子

**キ　保健体育「心身の発達と心の健康」**（中１）

中学部１年生で，自分らしさを形成していくための課題を見つけ，グループで解決方法を考える授業を行いました（**写真８**）。この授業では，グループで意見を出して，考えを練り合わせる活動（アングルＣ）を行い，課題対応能力の「③課題解決力」の育成をめざしました。

**写真８**　意見をまとめている様子

**ク　家庭「ごはんとみそしるをつくろう」**（小５）

小学部５年生家庭科では，おいしいみそ汁の具の組み合わせを考える授業を行いました。工夫のポイントを押さえて，グループで話し合い（アングルＢ・Ｃ），考えた工夫点を紹介し合いました（アングルＣ）。この授業で，人間関係形成・社会形成能力の「③協力する力」や「④聞く力・伝える力」等の育成を図りました。

**ケ　外国語活動「What do you want to be?～夢を語ろう～」**（小６）

**写真９**　いろいろな人に紹介している様子

小学部６年生の外国語活動では英語で夢を考える授業を行いました。コミュニケーションポイントを使わせたり（アングルＢ），自分の夢をペアやいろいろな人に紹介したりする活動（アングルＣ）（**写真９**）を取り入れることで，人間関係形成・社会形成能力の「②聞く力・伝える力」や課題対応能力の「④表現する力」等の育成を図りました。

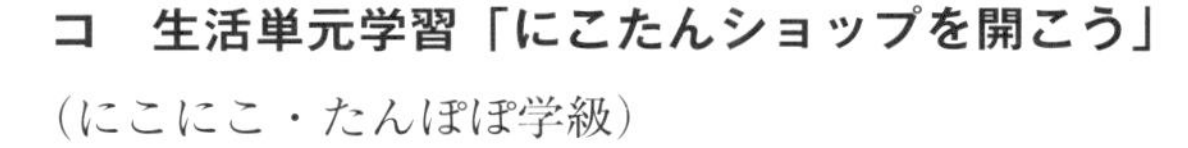
**コ　生活単元学習「にこたんショップを開こう」**（にこにこ・たんぽぽ学級）

**写真10**　さつまいもを分けている様子

特別支援学級では，さつまいもを販売する準備を行いました（**写真10**）。その際，ヒントカードを用いて仕事を行うことで，課題対応能力の「③課題解決力」の育成を図りました。

## 2 生活科・総合的な学習の時間「蘊真（うんしん）」における実践

生活科・総合的な学習の時間の授業では，その目標を達成することで，基礎的・汎用的能力の特に課題対応能力を育てることができると考えました。また，キャリア教育の視点から見た生活科・総合的な学習の時間の系統図（次ページ**資料１**）を利用し，系統立てた活動になるように意識しました。

**写真11**　学校探検

**ア　学校探検・みんなだいすき**（小１生活科）

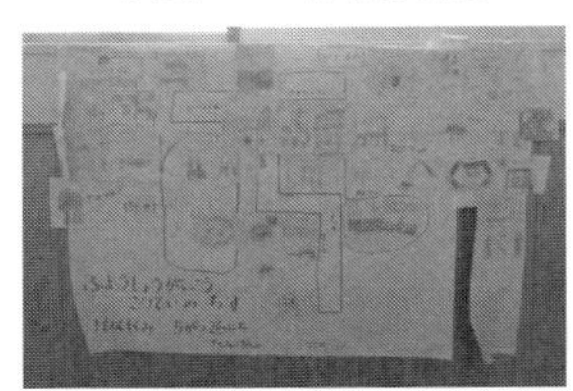
**写真12**　学校の地図

小学部１年生は，学校のいろいろなところを自分たちでルールを守りながら探検させました（**写真11**）。最後は，協力して学校の地図を完成させました（**写真12**）。また，家庭生活を支えている家族に

## 資料１　生活科・総合的な学習の時間の系統図

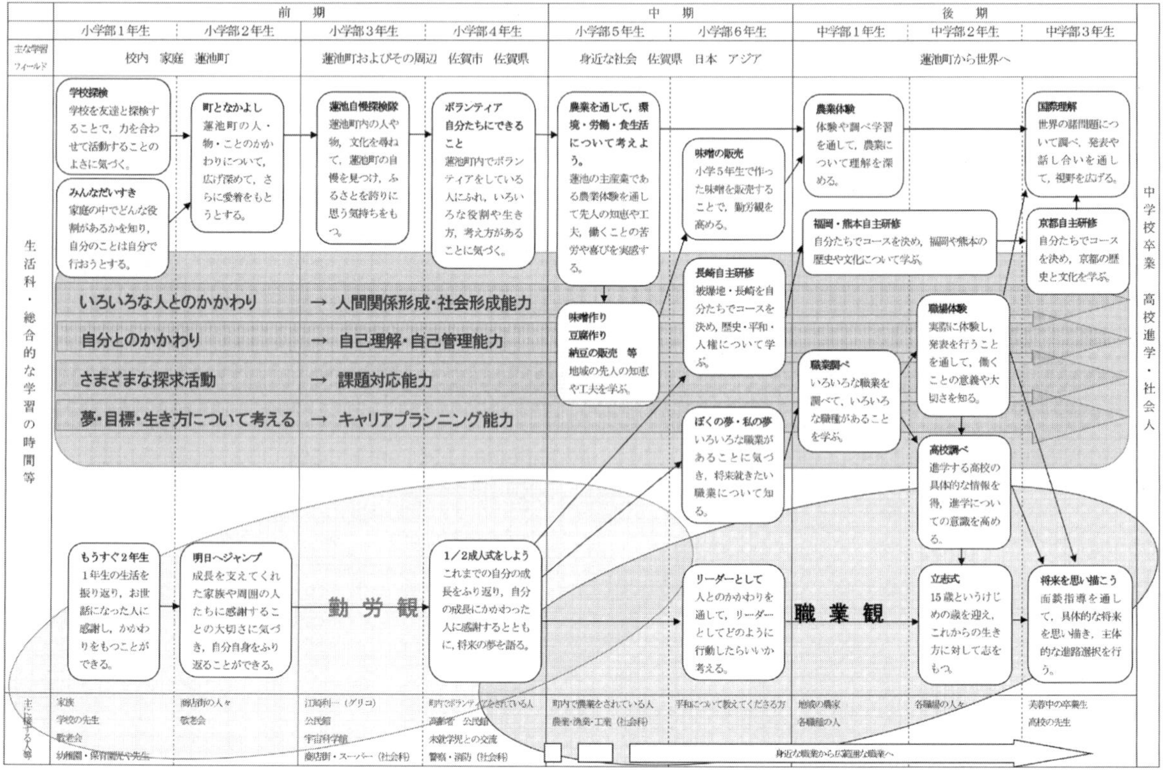

| | 前期 | | | | 中期 | | 後期 | | | |
|---|---|---|---|---|---|---|---|---|---|---|
| | 小学部１年生 | 小学部２年生 | 小学部３年生 | 小学部４年生 | 小学部５年生 | 小学部６年生 | 中学部１年生 | 中学部２年生 | 中学部３年生 | |
| 主な学習フィールド | 校内　家庭　蓮池町 | | 蓮池町およびその周辺　佐賀市　佐賀県 | | 身近な社会　佐賀県　日本　アジア | | 蓮池町から世界へ | | | |
| 生活科・総合的な学習の時間等 | **学校探検** 学校を友達と探検することで，力を合わせて活動することのよさに気づく。<br>**みんなだいすき** 家庭の中でどんな役割があるかを知り，自分のことは自分で行おうとする。 | **町となかよし** 蓮池町の人・物・ことのかかわりについて，広げ深めて，さらに愛着をもとうとする。 | **蓮池自慢探検隊** 蓮池町内の人や物，文化を尋ねて，蓮池町の自慢を見つけ，ふるさとを誇りに思う気持ちをもつ。 | **ボランティア 自分たちにできること** 蓮池町内でボランティアをしている人にふれ，いろいろな役割や生き方，考え方があることに気づく。 | **農業を通して，環境・労働・食生活について考えよう。** 蓮池の主産業である農業体験を通して先人の知恵や工夫，働くことの苦労や喜びを実感する。<br>**味噌作り 豆腐作り 納豆の販売　等** 地域の先人の知恵や工夫を学ぶ。 | **味噌の販売** 小学５年生で作った味噌を販売することで，勤労観を高める。<br>**長崎自主研修** 被爆地・長崎を自分たちでコースを決め，歴史・平和・人権について学ぶ。<br>**ぼくの夢・私の夢** いろいろな職業があることに気づき，将来就きたい職業について知る。 | **農業体験** 体験や調べ学習を通して，農業について理解を深める。<br>**福岡・熊本自主研修** 自分たちでコースを決め，福岡や熊本の歴史や文化について学ぶ。<br>**職業調べ** いろいろな職業を調べて，いろいろな職種があることを学ぶ。 | **職場体験** 実際に体験し，発表を行うことを通して，働くことの意義や大切さを知る。<br>**高校調べ** 進学する高校の具体的な情報を得，進学についての意識を高める。 | **国際理解** 世界の諸問題について調べ，発表や話し合いを通して，視野を広げる。<br>**京都自主研修** 自分たちでコースを決め，京都の歴史と文化を学ぶ。 | 中学校卒業　高校進学・社会人 |
| | **もうすぐ２年生** １年生の生活を振り返り，お世話になった人に感謝し，かかわりをもつことができる。 | **明日へジャンプ** 成長を支えてくれた家族や周囲の人たちに感謝することの大切さに気づき，自分自身をふり返ることができる。 | 勤労観 → | **１／２成人式をしよう** これまでの自分の成長をふり返り，自分の成長にかかわった人に感謝するとともに，将来の夢を語る。 | | **リーダーとして** 人とのかかわりを通して，リーダーとしてどのように行動したらいいか考える。 | 職業観 → | **立志式** 15歳というけじめの歳を迎え，これからの生き方に対して志をもつ。 | **将来を思い描こう** 面談指導を通して，具体的な将来を思い描き，主体的な進路選択を行う。 | |
| 主に接する人等 | 家族<br>学校の先生<br>敬老会<br>幼稚園・保育園児や先生 | 商店街の人々<br>敬老会 | 江崎利一（グリコ）<br>公民館<br>宇宙科学館<br>商店街・スーパー（社会科） | 町内でボランティアをされている人<br>高齢者　公民館<br>未就学児との交流<br>警察・消防（社会科） | 町内で農業をされている人<br>農業・漁業・工業（社会科） | 平和について教えてくださる方 | 地域の農家<br>各職種の人 | 各職場の人々 | 芙蓉中の卒業生<br>高校の先生 | |

いろいろな人とのかかわり　→　人間関係形成・社会形成能力
自分とのかかわり　→　自己理解・自己管理能力
さまざまな探求活動　→　課題対応能力
夢・目標・生き方について考える　→　キャリアプランニング能力

身近な職業から広範囲な職業へ

ついて調べ（**写真13**），家庭の中で自分ができることを考えさせました。それを「かぞく　にこにこだいさくせん」と称し実行させることで，自己理解・自己管理能力の「②自己の理解」の育成につなげました。

**写真13　授業の様子**

**イ　蓮池自慢探検隊**（小３）

小学部３年生では，自分たちが住む地域である蓮池町を知り，関心をもち，よさを見つけるために，郷土料理の芋茶がゆ作り（**写真14**）をしました。また，観月会へ参加して，地域についての学習を深めました（**写真15**）。

また，蓮池町の良さをパンフレットにしたものをグループで見直し，よりわかりやすいものにする授業を行いました（**写真16**）。その際，考えるための視点を準備し，友達の工夫している点を見つけて，さらに工夫するといいところをアドバイスしました。このことで，人間関係形成・社会形成能力の「④聞く力・伝える力」の育成を図りました。

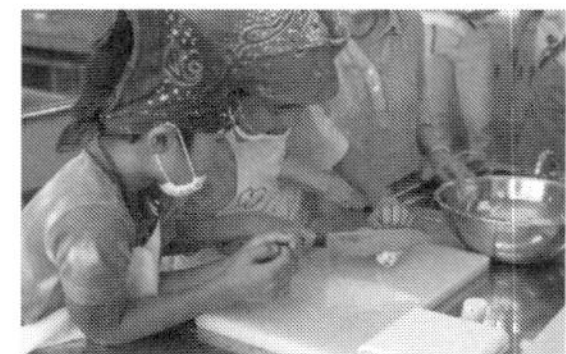

**写真14　芋茶がゆ作り**

**写真15　観月会**

**写真16　パンフレット作り**

**ウ　農業体験**（小５）

小学部５年生では，蓮池町の主産業である農業（米と大豆）にかかわる活動を通して環境・労働・食について考えさせました。田植え（次ページ**写真17**）と稲刈り（次ページ**写真18**），農業倉庫見学，そして，大豆の種まきと植え替え，収穫等の体験は効果的でした。また，米・大豆博士をめざして調べ学習を行い，豆腐作り（次ページ**写真19**），味噌作り，感謝祭等につなぎました。

**写真17**　田植え

**写真18**　稲刈り

**写真19**　豆腐作り

**エ　大地**（中１）

中学部１年生では，作物を育てる計画を生徒が立て，「食」や「農」にかかわるテーマを考えました。まず，植え付け，水やりや間引きなどの世話，収穫を行いました（**写真20**）。収穫した作物は料理したり，生徒が持ち帰ったり，学校の給食で出してもらえるようにしました。そのあと，テーマに対して調べ学習を行い，体験したことをもとにレポートにまとめ，発表を行いました。これにより作物を育てる大変さ，大切さ，すばらしさ等を学べただけでなく，農業のかかわりから自分たちの生活・社会についてまで深く考えることができました。

**写真20**　農作業

**オ　職場体験学習**（中２）

中学部は，以下の流れで１年３学期から職業について学び，２年生で職場体験活動を行いました。この学習で学んだことを，３学期１月の立志式や高校調べにつなげていきました。

**中学部１年**

①職業の適性と自分自身の適性を考えさせた（学級活動「職業と適性」）。

②職業を調べ，レポートを作成した。

③調べた職業を発表し，さまざまな職業があることを学んだ（学級活動「いろいろな職業」）。

### 中学部２年

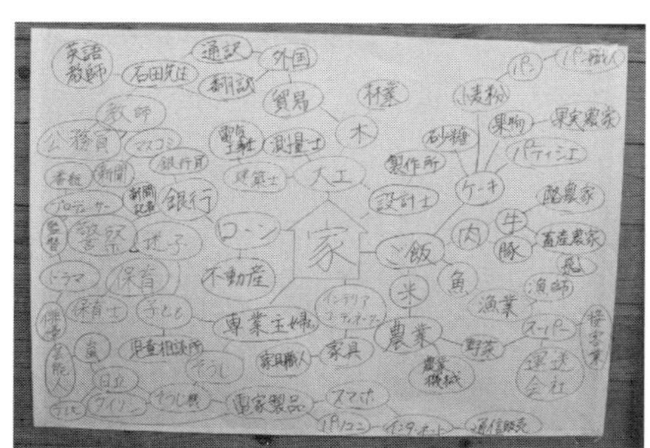

写真21　ビジネスマップ

①働く意義や目的について考えさせた（学級活動「なぜ私たちは働くのだろう」）。

②仕事のビジネスマップ（**写真21**）を作成し，多くの仕事がつながっていることを学んだ。

③ものづくりマイスターを招き，苔玉作りを行った。体験を通してものづくりのおもしろさを学んだ。

④職場体験で何を学んでくるのかのテーマを考えさせた。

⑤自分が興味ある職種から体験したい職場を探させた。１人１事業所とし，学級全体で幅広い職種が体験できるように職種を選ばせた。

⑥ヤングハローワーク佐賀から講師を招き，職場での心構えや職場でのマナー等の実践的な講習を受けた。

⑦体験する事業所に電話で体験依頼を行った。

⑧職場への事前訪問を行った。

⑨職場体験は８月に３日間行い，毎日，職業体験用の冊子に１日のことを振り返らせた。

⑩２学期にお礼の手紙を作成した。

⑪職場体験の内容をパワーポイントにまとめ，発表会を行った。発表会では，司会，諸注意，講評などの係を生徒で分担し，発表ごとに質問を促し，生徒は自己評価や他者評価を行うことで，充実した発表会になった。

⑫文化発表会ではクラスの代表者が職場体験のステージ発表を行い，自分たちが学んだことを全校に伝えた。また，文化発表会の学年劇では，職場体験を題材にした劇を行った。

**カ　国際理解～平和な世界を築くために～**（中３）

中学部３年生では，国際理解を学年テーマに，平和を築くためにはどうすればいいかを考え，テーマを決め，調べ学習を行い，レポートを作成し（**資料２**），発表会を行いました。調べ学習では，これからの世界について提言できることも考えさせました。

難民の命と健康を守るためにできることは何か？

難民、難民キャンプについて

[illegible]

世界の地域別難民の数

[illegible]

世界で難民を助けるために行われていること

AAR Japanを知っていますか？

[illegible]

難民の子どもたちについて

[illegible]

難民に対して今の世界はどうなろう？

[illegible]

提言

[illegible]

**資料２**　生徒のレポート

■■■佐賀県佐賀市立小中一貫校芙蓉校

# 6 教育課程の実践3 教科外における実践



## 1 教科外活動「特別活動」と基礎的・汎用的能力

（平成27年当時の学習指導要領における）特別活動の目標は，「望ましい集団活動を通して，心身の調和のとれた発達と個性の伸長を図り，集団や社会の一員としてよりよい生活や人間関係を築こうとする自主的，実践的な態度を育てるとともに，人間としての生き方について自覚を深め，自己を生かす能力を養う」ことです。

この目標を達成するために育てる能力を，芙蓉校では，「集団」「個人」「社会」「生き方」の４つのキーワードからそれぞれ「人間関係形成能力」「自己を生かす能力」「自治的能力」「自己実現力」とし，それらを「共生社会の担い手として求められる資質・能力」としました。

これによって，キャリア教育の基礎的・汎用的能力（PART２-３表１，資料１参照）の４つの能力（人間関係形成・社会形成能力，自己理解・自己管理能力，課題対応能力，キャリアプランニング能力）と，「共生社会の担い手として求められる資質・能力」を次ページ**図１**のように整理し，これまでの日本型教育の“宝”である特別活動の特質を生かして，基礎的・汎用的能力を育むこととしました。

また，「共生社会の担い手として求められる資質・能力」は「人間関係形成能力」「自己を生かす能力」「自治的能力」「自己実現力」の順に並べています。これを４つのキーワードで言い換えると，「集団」「個人」「社会」「生き

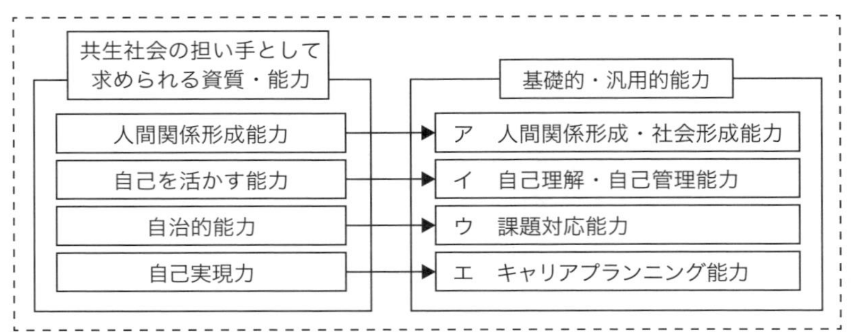


**図１　共生社会の担い手として求められる資質・能力と基礎的・汎用的能力の関係**

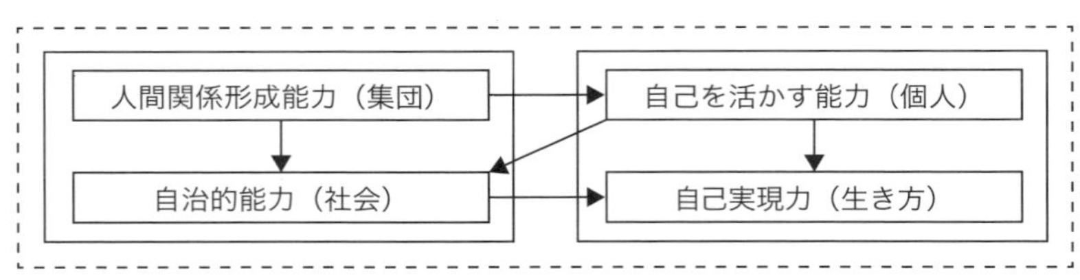


**図２　それぞれの資質・能力の関連**

方」の順になります。人は「集団」活動の中で「自分」というものを知ることができ，「集団」と「個人」の力があって，「社会」に参画する力も発揮することができます。さらに，「社会」と「個人」を理解することで，「生き方」を見通すことができると考え（**図２**），この順序としました。

## 2 学級活動「学業と進路」の実践

### （１）進路変更を想定し，その時どうするべきかを考えよう

#### ①　進路変更の実態

平成27年度において佐賀県の高校生25,000人に対して，１年間で中途退学者が480人。世の中には他にも離職の問題などがあり誰しも人は自分の思い描いていた人生を変更しなければならない可能性があります。芙蓉校卒業生も例外ではありません。実際の数値にはなっていませんが，佐賀市郊外の小規模校である芙蓉校で９年間を過ごした生徒だからこその長短所があることは想像に難

くありません。そこで中学部３年生では，高校中退を想定し，もう一度自己実現をめざすために行動する力・やり直す力（キャリアプランニング能力の「③選択・行動・改善力」）を育てる授業を行いました。また，この授業により，よりよい進路選択，進路決定の大切さを理解させます。さらに，この授業では芙蓉校メソッドアングルCの付箋法とブレイン・ストーミング方式でアイデアを出していくことで，課題対応能力の「③課題解決力」の育成も図りました。

**②　授業の実際**

**〈活動１〉進路変更の実態を理解する。**

まず，データから高等学校の中途退学者数について説明しました（**写真１**）。次に，高等学校を中退した理由を知らせ，進路変更が他人事でなく，誰にでもありうることを実感させました。

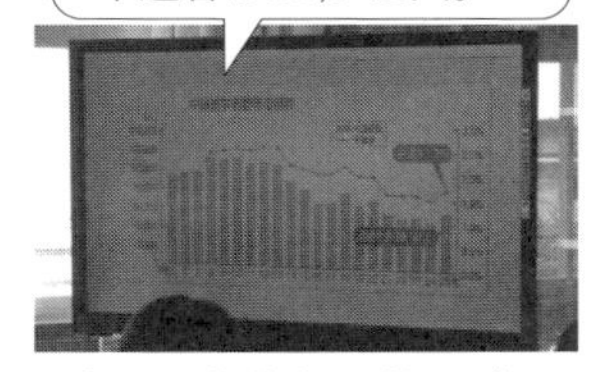


**写真１**　高校中退者のデータ

**〈活動２〉中途退学の問題点とよい点を考える。**

高等学校を中退しての問題点（困ること）とよい点を考えさせました。その際，問題点は赤色の付箋，よい点は黄色の付箋に書かせました（**写真２**）。その後，個人で考えたことを班で発表し，３つのカテゴリー（心情的，経済的，社会的）に分類させました（**資料１**）。

**写真２**　問題点とよい点を考えている様子

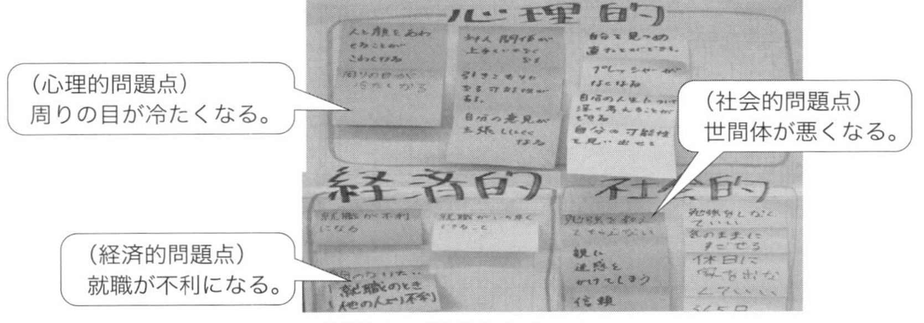


**資料１**　問題点とよい点

〈活動３〉高校中退の問題点に対し，どうすればよいかを班で考える。

問題点に対してどうすればいいかを，ブレイン・ストーミング方式で，自由にアイデアを出し合わせました（**資料２**）。

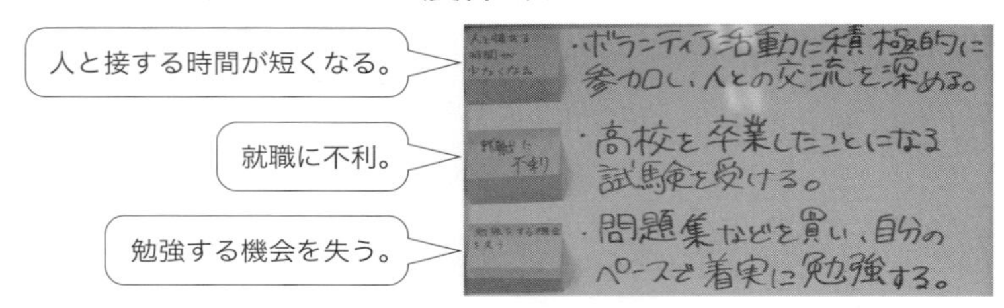


**資料２**　班で出た解決策

〈活動４〉発表・振り返り・まとめ

次に各グループのアイデアを発表させました（**写真３**）。その後に，電子黒板で進路変更した人へのアンケート結果を提示し，その結果から進路をしっかり考えて決定することの大切さと，進路変更という選択にも大きな意味があることに気づかせました。最後に振り返りをさせ，教師がまとめました（**写真４**）。

**写真３**　発表の様子

**写真４**　まとめの話

〈次時の活動〉中退後についての情報を学ぶ。

次の時間に，進路変更等があったときの具体的な情報を学習させました（**写真５・６**）。

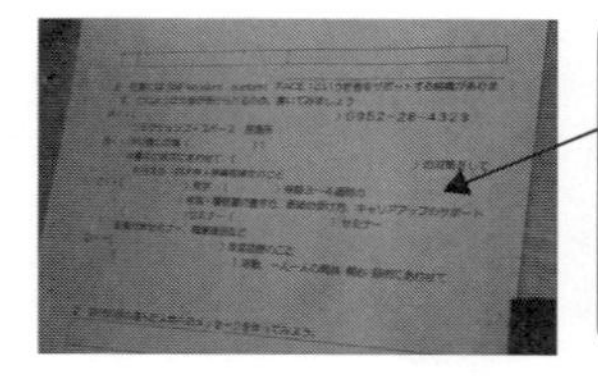

若者をサポートする佐賀県のＮPO法人SSF（student support FACE）の紹介

**写真５・６**　ホームページの紹介

### ③　成果と課題

成果としては，この授業で，生徒に進路選択や進路決定の大切さや，将来進路変更があっても，その壁を乗り越える方法があるということを学ばせることができました。

また、生徒の感想（**資料3**）のように，自信をもって自分の人生を歩めるという気持ちを生徒にもたせることができました。また，この授業の付箋法やブレイン・ストミーング方式により，多彩なアイデアを引き出すことができ，課題解決力も育成することができました。

課題としては，この授業で生徒は進路決定の大切さがわかりましたが，それを具体的なよりよい進路決定につなげていく手立てをさらに研究していく余地があることです。

今日は高校を中退して良い点と問題点について話し合いました。みんなの意見を聞いて、「なるほど～」と思う意見がたくさんありました。今日話し合ったことを通して、私は高校は中退してもしなくても、自分の選んだ道を自信を持って歩んでいきたいと思いました。

**資料3　生徒の感想**

## （2）学習の課題や悩みを解決しよう

中学部３年生において，学習の課題や悩みについて考える授業を行いました。

### ①　授業の実態

〈活動１〉アンケート結果の紹介

生徒の学習での課題や悩み等の実態を把握するために事前アンケートを実施し，その結果を授業の最初に紹介し，学級の学習の課題や悩み等を共有しました。

〈活動２〉ホワイトボード・ミーティング

班になり，それぞれの学習の課題や悩みの改善方法を，以下のホワイトボード・ミーティング（芙蓉校メソッドアングルＣ）（次ページ**図３**）という手法により考えさせました。

※【参考文献】ちょんせいこ『話し合い活動ステップアッププラン：ホワイトボードで学級が変わる!!』小学館，2014

①最初の司会進行（ファシリテーター）は，自分の課題や悩みについて説明する。

②班の他のメンバー（サイドワーカー）が改善方法を考え，司会進行が黒ペンで書いていく（拡散）。

③ある程度答えが出そろったら，青ペンで意見を選んでいく（収束）。

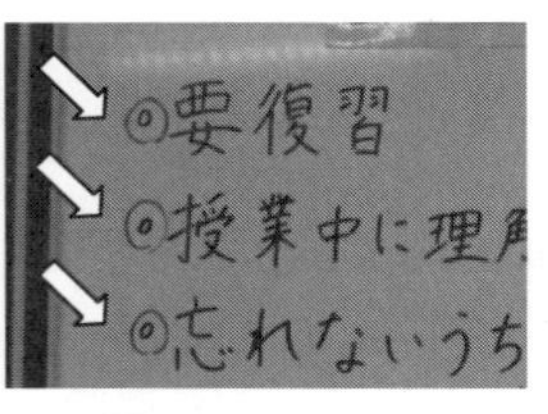


④これからの改善のために実践する方法を，赤ペンで書く（活用）。

⑤司会進行を変え，①～④を繰り返し，班全員の課題と悩みについて考える。

**図3**　ホワイトボード・ミーティングの流れ

〈活動3〉掲示 ⇒ 共有 ⇒ 実践カードの記入（意思決定）

改善策をホワイトボードに書いて掲示し，改善策をクラスで共有しました。最後に，改善策を参考に，これからどういう学習を行うか具体的に考えさせ，カードに書かせました（**写真7**）。

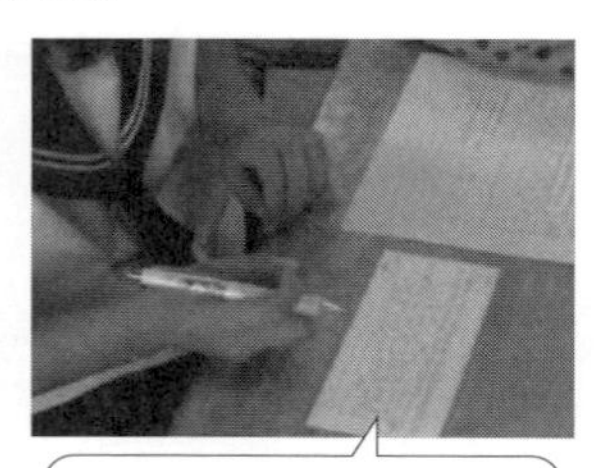


**写真7**　実践カードの記入

### ②　成果と課題

成果としては，ホワイトボード・ミーティングは，まとめていく過程が明確で，また，全員がファシリテーターを行うことにより，話し合いを活性化させる効果があり，生徒は協力して活動することができました。また，解決する方法として有効な手法の一つだとわかりました。

それぞれの自分の課題や悩みの改善策を友達と考え，さらに実践方法まで決めたことは，生徒それぞれの主体的な行動につながりました。また，話し合うことで，友達やクラスの人間関係を良好にすることにもなりました。

課題としては，改善策の内容を深めるために，課題と悩みの設定の工夫，課題や悩みの原因の共有，改善策の準備が必要であることがわかりました。

### （3）なぜ私たちは学ぶのか

中学部１年生において，まず，自分は何のために勉強するかを考えさせ，次に班になって，みんなの考えを確認しながら勉強する理由について話し合い，意見をまとめました（**資料４**）。これらの活動により，キャリアプランニング能力の「①学ぶことへの理解」を深めました。

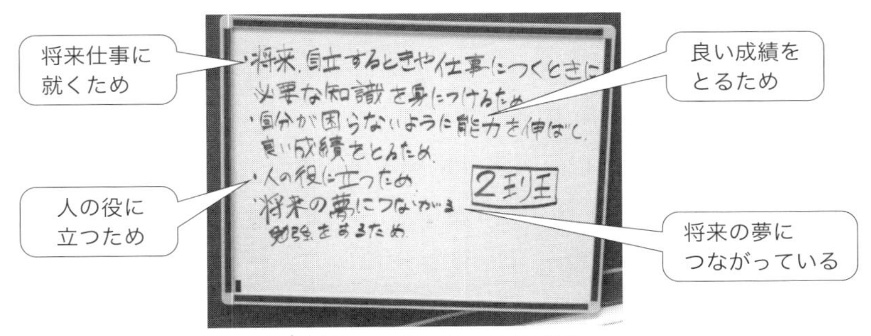


**資料４**　班で出てきた考え

## 3 各教育活動をつなげる取り組み「Fuyo 夢ファイルの作成と活用

芙蓉校ではすべての教育活動をキャリア教育の視点でつないで実践を図っています。そのつながりを意識した特徴的な活動を２つ設定しています。１つは，「特別活動等系統表」と「基礎的・汎用的能力を育てる活動一覧表」の作成です。

「特別活動等系統表」は特別活動等を学級活動，学校行事，生徒会活動，総合的な学習の時間という領域で分類し，それぞれの横や縦のつながり，育成したい基礎的・汎用的能力がわかるように整理したもので，教師はその表を参考に，系統的に活動を行っていきます。

「基礎的・汎用的能力を育てる活動一覧表」は，どのような活動がそれらの能力の育成にかかわるかを整理したものです。各活動を生かしながら，児童生徒に４つの能力をバランスよく育てていくことをねらいました。

もう一つの試みが「Fuyo夢ファイル」の作成と活用です。児童生徒がこれまでの学習や成長を自己評価するためのファイルを作成しました。

### （1）Fuyo夢ファイルの作成と目的

児童生徒がこれまでの自分の活動や学び，成長の足跡を確認できるように，特別活動や総合的な学習の時間等で使用したワークシート類を集約する個人ファイルを作成し，これにファイリングさせていくようにしました（**写真8**）。このファイルを利用して，児童生徒一人一人が夢や目標をもって自分らしい生き方を実現するための力（＝基礎的・汎用的能力）をつけていくこと（キャリア形成）をめざしました。

**写真8**　Fuyo夢ファイル

そのため，シートは，基礎的・汎用的能力に関する学びや成長を感じられるものを保存していきます。このファイルは，次年度に引き継いで持ち上がるようにしており，小学部１年生は９年間蓄積することができます。

このファイルで，一人一人の学びの積み重ねを児童生徒自身，また教師も確認することができ，９年間を通した学びにつなげていくことができるようになります。

### （2）Fuyo夢ファイルのファイリング方法と工夫

シートを次ページ**表1**のように「共通シート」と「学年別シート」に分類し，「共通シート」の後に「学年別シート」を並べました（次ページ**図4**）。

「共通シート」は，同じ内容で蓄積できるシートを小１から並べました。まとめて並べることで，過去のシートがすぐ前のページにあるため，簡単に変容や学びを見取ることができるようになります。「学年別シート」は，「共通シート」以外のシートで，キャリア形成にかかわるものを保存しました。

また，ワークシートは大きさをＡ４に統一するようにし，中学部の学級活動のすべてのワークシートは，自己評価と感想等の欄を設け，振り返りを必ず行えるようにしました。

さらに，ファイリングの際はファイルを開けば内容が見えるように配慮しました。ファイルに関しては，クリアポケットの増減が可能なように，差し替え式クリアーブックを採用しています。

**表１** 共通シートと学年別シート

| | | |
|---|---|---|
| 共通シート | ・中学○年生になっての作文（中１～中３）<br>・Fuyo 夢プロジェクト（９年間）<br>・Fuyo 夢タイム（９年間）<br>・体育大会の感想（９年間）<br>・文化発表会の感想（９年間） | ・1年生を迎える会の感想（小１～小６）<br>・Fuyo 夢アンケート（９年間）<br>・体育大会のエピソード記録表（中１～中３）<br>・文化発表会のエピソード記録表（中１～中３）<br>・６年生を送る会の感想（小１～小６） |
| | **小学部** | **中学部** |
| 学年別シート | ・２分の１成人式の決意表明文や感想（小４）<br>・「ぼくの夢・わたしの夢」（小６総合）<br>・「プロフェッショナルたち」（小６国語）<br>・「夢を語ろう」（小６外国語）<br>・他 | ・修学旅行のしおりの一部（中１～中３）<br>・総合的な学習の時間で作成した壁新聞やレポート（中１～中３）<br>・職場体験活動の日誌の一部（中２総合）<br>・立志式発表原稿や感想（中２）<br>・他 |

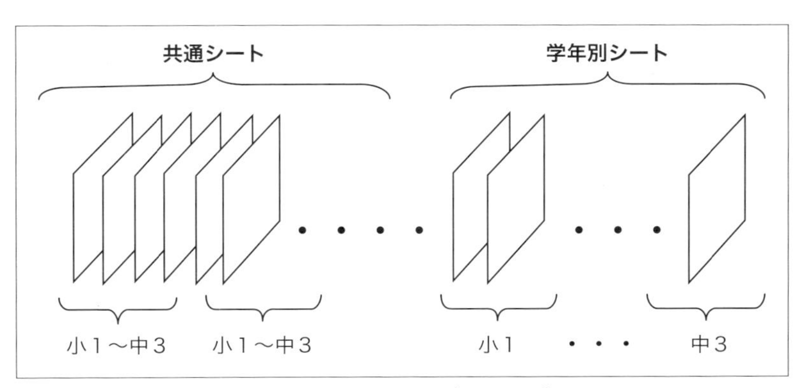


**図４** ファイリングイメージ

■■■佐賀県佐賀市立小中一貫校芙蓉校

# 教育課程の評価 エビデンス（科学的根拠）を導く

芙蓉校の特別活動やキャリア教育を核とした取り組みを推進するうえで腐心したのがPDCAサイクル（編成，実施，評価，改善）の確立です。しかも，持続可能であることと，客観性の担保がカギであると考えました。

国立教育政策研究所や佐賀県教育委員会の研究指定期間中にしかできないものや，担当者が異動した後に質が大きく変わってしまうことがないように，いかにシステムを構築するかを考えました。

なかでも，現状把握と評価にどのような手立てを用いるか試行錯誤を繰り返した結果，以下のようなツールの活用にたどり着いたのです。

結果論ですが，①持続可能，②客観性の担保に加え，教師の働き方改革につながる，③校務改善の意味でも，以下のツールは効果的でした。

## 1 児童生徒の理解と支援

### （1）バッテリーシートの活用

#### ①　バッテリーシートについて

標準学力検査（NRT），知能検査，Q-U，学習適応性検査（AAI）の結果を1つにした個人のカルテとなるバッテリーシートを活用しました（次ページ**図1**）。

バッテリーシートとは，図書文化社の個人累積システムPSで作成するもので，NRT等を扱う佐賀教育心理センターとのデータ協力のもと，このシートを作成することができました。バッテリーシートの内容構成が次ページ**図2上・下**です。

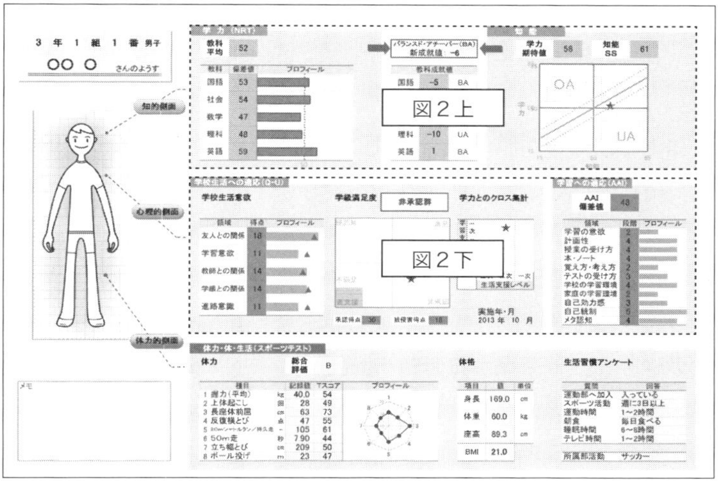

図１　バッテリーシート

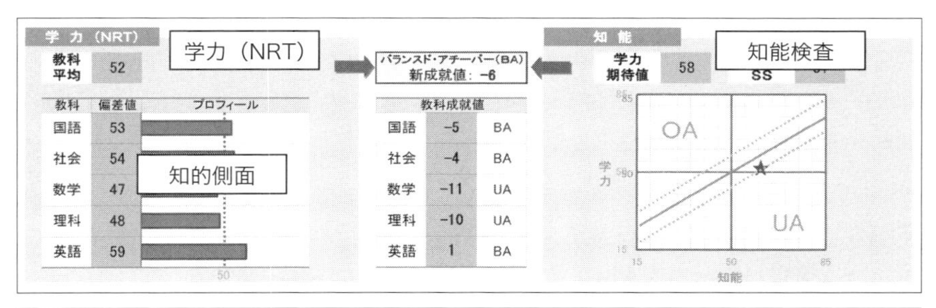


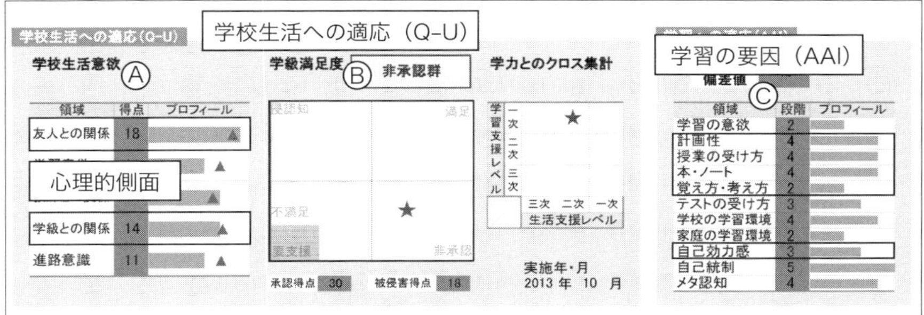


図２上・下　バッテリーシートの内容構成

### ②　バッテリーシートと基礎的・汎用的能力との関連

バッテリーシートの調査結果と基礎的・汎用的能力とのかかわりについても研究を行いました。そのなかで，**図２**の「学級生活意欲Ⓐ」と「学級満足度Ⓑ」が人間関係形成・社会形成能力に，「学習の要因Ⓒ」が学習における課題解決力に関連性が強いことがわかりました。

### ③　バッテリーシートを利用した児童生徒の実態の把握

児童生徒の実態を把握するために，バッテリーシートを利用しました。特に，**図２**の「学級生活意欲Ⓐ」と「学級満足度Ⓑ」に課題がみえました。

### ④　バッテリーシートを使った分析・支援

バッテリーシートを作成し，児童生徒一人一人について，知的側面・心理的側面から個人の様子を客観的に概観することができました。

**写真１**　分析の様子

職員研修でバッテリーシートを使った研修を行い，教師の見立てと客観的データを比較し，児童生徒の理解に役立てました（**写真１**）。特に気になる検査項目に注目し，「褒める」「励ます」「話しかける」「スキル学習」「個別支援」「カウンセリング」等の具体的な支援方法を考えました（**写真２**）。

**写真２**　支援方法を記入

### ⑤　バッテリーシートを利用した児童生徒の成長の変容の把握

バッテリーシートを経年で比較し，本研究の成果と課題を考察しました。

### ⑥　成果

バッテリーシートを作成することで，芙蓉校の課題を把握することができ，その変容を客観的に捉えることができました。また，全児童生徒のバッテリーシートを作成することで，日ごろの教師の見立てとは異なる児童生徒の内面の姿を捉えることができました。さらに，また，児童生徒の内面を客観的に知ることで，より的確な声かけや学習支援，生活支援を行うことができるようになりました。

### （2）Fuyo 夢アンケートの作成と活用

#### ①　Fuyo 夢アンケートの目的

下の３つの目的のためにアンケートを作成し，事前アンケートと事後アンケートとして実施しました。

・児童生徒が基礎的・汎用的能力をどのくらいもっているか現状把握のため。
・これから身につけてほしい基礎的・汎用的能力の項目を児童生徒に意識させるため。
・児童生徒が基礎的・汎用的能力をどのくらい身につけたかを確認するため。

#### ②　作成のポイント

アンケートの項目は「基礎的・汎用的能力を身につけた児童生徒の姿」を評価基準とし，発達段階に応じて作成しました。

#### ③　平成27年度の実施方法

平成27年度はアンケートを７月と12月の２回実施し，変容を把握しました。項目は，平成27年度は，「自己理解・自己管理能力」と「課題対応能力」の２つの能力について重点的に研究に取り組んだため，その２つの能力にかかわるアンケート項目としました。

#### ④　平成28年度の実施方法

基礎的・汎用的能力の焦点化内容を「協力する力」「自己の理解」「課題解決力」「将来設計力」の４つに変更したため，アンケート項目もそれに合わせて変更しました。項目は小学部・中学部とも同じですが，実態に合わせたそれぞれの形態を採用しました。

#### ⑤　平成28年度のアンケート内容

ア　小学部

平成27年度同様，事前事後アンケートとしました。質問内容は，小１からアンケートが行えるように具体的で判断しやすい質問にし，前期（小１～小４），中期（小５・小６）の２種類を作成しました。最後に，学習面や生活面でがんばっていることを記述させました（次ページ**資料１**）。

| | | | | | |
|---|---|---|---|---|---|
| ① | 相手の気持ちを考えながら，学習したり活動したりしていますか。 | 4 | 3 | 2 | 1 |
| ② | 学習中，めあてに向かって自分から進んで取り組むことができますか。 | 4 | 3 | 2 | 1 |
| ③ | これまでの知識や経験を生かして，学習の課題を見つけることができますか。 | 4 | 3 | 2 | 1 |
| ④ | 学習の見通しをもち，何をいつまでにどれだけすればいいかをいつも考えていますか。 | 4 | 3 | 2 | 1 |
| ⑤ | 学習に取り組むとき，自分で考えたり，友達と話し合ったり，資料を調べたりして，解決しようとしていますか。 | 4 | 3 | 2 | 1 |

今年度焦点化した４つの力を中心に質問を作成。

前期と中期で分けて質問文を作成。

**資料１　中期用 Fuyo 夢アンケートの一部**

イ　中学部

評価項目の多さと，生徒自身にどのように変容があったのか，自分自身で確かめられるようにするため，点数を自分でつける自己評価形式にしました。実施は４月中旬，９月中旬，10月下旬，12月中旬に行いました。複数回実施することで，変容の様子を把握したいと考えました。また，領域での能力の高まりをみることができるように，４つの領域に分けて能力を把握できるように工夫しました（次ページ**資料２**）。

アンケートの下に，重点項目の４点である「協力する力」「自己の理解」「課題解決力」「将来設計力」に関して，できたことやできるようになったことを自由に記述させました（次ページ**資料３**）。

### ⑥　Fuyo 夢アンケートの効果

アンケートを実施することで，児童生徒の変容を把握し，学校生活における一人一人の成果と課題を明らかにすることができました。また，アンケートを実施することで，児童生徒に身につけてほしい力を伝えることにもつながりま今年度焦点化した４つの力を中心に質問を作成。

４つの領域（学習，行事，学級，生徒会）に分けて点数をつけさせる。それぞれの領域の基礎的・汎用的能力を測る。

| | [学習・学校生活のこと] | | [(グループ等の)学習] | [行事] | [学級] | [生徒会] | [合計] |
|---|---|---|---|---|---|---|---|
| ① | 協力する力 | 友だちと力を合わせて活動することができていますか。 | 6点 | 7点 | 6点 | 6点 | 25点 |
| ② | 自己の理解 | 学校や学級の役に立っていると感じますか。 | 6点 | 7点 | 6点 | 6点 | 25点 |
| ③ | 主体的行動力 | それぞれの活動に自分から進んで行動することができていますか。 | 6点 | 6点 | 5点 | 5点 | 22点 |
| ④ | 見つける力 | それぞれの活動に取り組むとき，目標を設定することができていますか。 | 5点 | 6点 | 5点 | 5点 | 21点 |

この３つを合計すれば，特別活動領域における「見つける力」の合計点は６＋５＋５＝16点とわかる。

すべての領域における「見つける力」の合計点は21点。

**資料２**　後期用 Fuyo 夢アンケートの一部

| 1学期級友と協力できたこと。 | 自分のことで新たに発見したこと。気づいたこと。もしくは，できるようになったこと。 |
|---|---|
| 皆で日ごとに分担して、畑の水やりを協力してがんばれました。 | 自分で考えて動けるようになった。 |
| **1学期がんばって解決した。または，取り組んだと思えること** | **夢や目標に向かって取りくんでいること。** |
| 体育大会での応援練習を一生懸命声を出してがんばりました。 | 自分の苦手な教科の勉強も一生懸命に取り組む。 |

| 体育大会終わりから文化発表会終わりまでに，級友と協力できたこと。 | 自分のことで新たに発見したこと。気づいたこと。もしくは，できるようになったこと。 |
|---|---|
| 体育祭が終わりすぐに文化祭ということでいろんな場面でドタバタしていたところもあったけど、しっかり意見を述べ合った | 自ら進んでしっかり協力する事が出来た |
| **体育大会終わりから文化発表会終わりまでに，がんばって解決した。または，取り組んだと思えること** | **夢や目標に向かって取りくんでいること。** |
| どちらとも先輩についていけるようにがんばった | ○人と明るく接する<br>○コミュニケーションをしっかりとる |

**資料３**　後期用 Fuyo 夢アンケートの自由記述

## 2 児童生徒の理解と支援　個別のエピソード

### (1) 中1A子の事例

A子は，小学校のときからおとなしく引っ込み思案の性格で，クラスでは孤立しがちな児童でした。中学生に進級しても，本校は小中一貫校の単学級のためクラス替えがないので，人間関係も変わりません。中学1年生のバッテリーシートの結果について，Q-Uでは「学級生活不満足」の領域に入っており，「友人との関係」という項目に該当する点が非常に低く，「自己肯定感」も低い状態でした。学級での最初の様子でもやはり友達と話すことはなく，昼休みは教室で一人本を読むことが多かったのです。

本校では，学校全体の課題からも人間関係形成能力の「協力する力」，自己理解・自己管理能力の「自己の理解」の育成を重視してきました。特にA子に対しては，小学校からの状況，検査結果からも，よりよい人間関係を構築し，自分を肯定的に受け止めることができるようになるための支援が必要でした。

そのため，学級では学級の仕事や，活動では役割を与え，承認にかかわる言葉かけを意識しました。帰りの会では，一日一日の出来事や感想などを書く「つぶやきノート」を全生徒に書かせていますが，それを利用した担任とのかかわりを密にしました。また，学級活動でも自己理解を深めるための活動を複数回行いました。さらに，多くの教科で芙蓉校メソッドのアングルC「共に学ぶ力」を意識したグループ活動を意図的に行い，友達とのかかわりを増やして，人間関係をよりよくするだけでなく，自分の存在価値の有用性を引き出すように配慮しました。しかし，1学期後半の教育相談では，「自分のことはあまり好きではありません。」という言葉が出ていました。

2学期は学校行事が多く，体育大会や文化発表会がありました。2学期前半にある体育大会では，小学校1年生から中学3年生の縦割り班で活動することになります。その際，小学校でのお世話をA子は献身的に行い，上級生との応援合戦の練習では非常に熱心に活動しました。体育大会後の感想文では，A子は，小学生とかかわることが楽しかった，また，応援合戦の練習中に先輩が褒めてくれたことがうれしかったとありました。

２学期後半には文化発表会がありました。文化発表会では各学級で劇などの発表を行いますが，この年も全員が俳優として出演する全員劇を行うことになりました。この発表では，主体性をもたせるために，生徒に多くの部分をゆだねます。今回も学級で何の劇にするかから決めないといけません。最初から難航し，いざ練習の際にも，学級でうまくいかないことが多かったのです。文化発表会期間中ではエピソード記録表という，毎日起きた出来事等をワークシートに毎日書かせますが，A子のエピソード記録表には，舞台に立つことに対する意欲の低さや不安を書いていました。しかし，本番が近づくにつれ，学級の意識が高まり，本番前日のエピソード表には，「学級みんなでがんばりたい。」という内容が書かれていました。実際，本番では学級全体でがんばる雰囲気が生まれていて，A子の出演の場面では温かな笑いが起き，劇を盛り上げることに一役買いました。エピソード記録表にもそのことがうれしかったとあり，後の文化発表会の感想では，学級が盛り上がっていったことや，出演のあとに，学級の友達だけでなく，いろいろな人が褒めてくれたことがうれしかったとありました。

２学期の終わりごろ，A子とかかわっている生徒の存在が見受けられるようになりました。教科の授業でもグループ活動の際に，隣の友達に教える場面が多くなっていきました。学級活動でも，話し合いの中で積極的に意見を出すことはありませんでしたが，自ら書記の役割を担うなど，自分ができることをするようになりました。

中学２年生になり，バッテリーシートのQ-Uの結果では，「学級生活不満足」の領域から脱することはできました。この１年でA子は自分に対して，自信を少しもち，認められているという実感をもつようになってきたことがわかります。中学２年生では，自己肯定感を増やしていくだけでなく，人間とのかかわり方を学んでいかないといけません。A子のこれからの成長を支援していきたいと思います。

### (2) 中2B男の事例

B男はまじめではありましたが，中学1年時での成績は低いほうでした。バッテリーシートの結果から，Q-Uでは学級生活意欲，学級満足度は良くもなく悪くもない結果でした。ただし，AAIでは，学習の意欲を含め，授業の受け方や覚え方・考え方などの学習方法に関する項目が目立って低い状況でした。また，Fuyo夢アンケートからも，将来のことについての意識が希薄であることがわかりました。

B男のように基本的にまじめでも，成績が今ひとつ伸びない生徒は多いと思います。AAIにより，どの部分が弱いのかを確認することができ，対応することができます。今回のB男だけでなく，ほかの多くの生徒も学習方法に関する項目が低いこともあって，各教科の授業において，学習方法についての確認や説明をすることになりました。学級活動でも，勉強方法や時間，取り組み方について意見を交換し，よりよい学習方法を考え，自分のこれからの学習への取り組み方について考える活動を行いました。B男本人に対しては，教育相談等での面談のなかで学習方法についてアドバイスする機会を設け，テスト計画の際や振り返りの際に，学習方法を確認しました。

2学期中旬あたりから，B男の授業への集中力も増し，家庭での学習時間が増えました。本校では毎日自主学習ノートを行っていますが，取り組む内容が多くなりました。結果2学期の期末テストでは大きく成績を伸ばしました。

また，夢や目標をもち，それに向けて努力することは重要です。特にB男は将来についての考えが希薄であり，夢や目標について少しでも考えることができれば，意欲の向上につながると考えました。学校では外部から講師を招き，キャリア講演会を実施しました。いろいろな職種の人に触れ，刺激になったと思われ，講演会後，B男も将来，人のためになるような仕事に携わりたいという感想を書きました。

また，将来について意識を高めるうえで，本校は，1年時3学期に職業調べ，２年時1学期に職場体験活動，２学期には職場体験の発表を行って，３学期にこれからの志を発表する立志式を行います。B男は立志式では次のように発表しました。

「職場体験では○○で接客業を体験しました。接客業は本当に大変で，叱られることもありました。けど，楽しくもありました。将来は人のためになる仕事につきたいと思います。そのために，今の学習はとても大事だと思います。今勉強をしっかりして，立派な大人になりたいと思います。」

このように，今の学習が将来につながることを学んだことで，今の学習の意欲につながり，成績の向上にもつながっていったと思われます。

B男のようにまじめではあっても，伸び悩む生徒も多いのです。バッテリーシートを使って，いろいろな方向からその生徒をみて支援を考えることは重要だったと考えます。

**（3）中３C男の事例**

C男は，小学生のころから自分本位の考えで話をしたり，行動したりする児童で，友達とのかかわりに多くの問題がありました。中学部１年生でのバッテリーシートのQ-Uの結果からも，「学級生活不満足」の領域にいました。中学生になっても，自分本位な考えは変わりませんでしたが，周りの友達のほうが成長し，周りが上手にかかわることで，表立ってのトラブルはなくなっていきました。しかし，周りの成長につれて疎外感も膨らみ，「どうでもいい」という言葉をよく口にするようになり，学力も低かったため，学習についていくことも難しくなり，学校への登校をしぶりはじめ，中学２年生では休みがちになりました。

中学３年生は受験生ということもあり学校に来ることが増えてきました。しかし，授業のほとんどは顔を伏せ，何もすることができませんでした。教師や友達も意識して声をかけていましたが，反応に答えることは少なかったのです。

その年の学校行事の体育大会の応援合戦のこと。全校生徒を２つの団に分けて応援合戦を行います。C男は小学生のころから運動神経がよく，後半の部分センターでパフォーマンスをさせることにしました。これは教師が，彼にも活躍するところと促したところ，その団は，彼を中心に盛り上げる場面も作ってやりたいと自分たちで答えました。クラスの生徒とC男との関係は，小学生のころから課題がありました。彼とのつきあいも表面的なものになりがちでした。しかし，それでも最後で，彼らがこの場面でC男と協同したいと考えたことは，大きな意味があったと思えます。本番ではC男は応援合戦だけに参加しましたが，多くの人に賞賛され，たくさんの拍手を受けました。

その後の生活は大きく好転するものではありませんでしが，C男は体を使うという自分の得意を生かせる，自分なりの進路に進むことになりました。地元を離れる場所への進学となりましたが，彼にとっていい選択だったと思えます。本校では中学３年生は卒業式の前に，９年間を語る会という学校行事を行います。１つの輪になり，これまでのことを語る場になります。C男は話し上手ではありませんでしたが，体育大会のことを述べ，みんなに感謝の意を示しました。彼にとって，中学時代でいちばんの思い出になっただけでなく，きっとこの先の人生で彼にとって大事な宝になったと思われます。

C男のように支援が難しい生徒や支援を行ってもうまくいかないケースというのは多いと思います。しかしそういう生徒でも学校行事を機に変わることができるときがあります。それが特別活動の力だと思います。

また，ここで重要だったのは，この体育大会ではキャリア教育の視点として「協力する力」の育成が意識されていたことです。それによって教師だけでなく生徒も何を大切にすべきなのか視点をもっていたことが，このような結果につながったと考えられます。

■■■佐賀県佐賀市立小中一貫校芙蓉校

# 8 教育課程の改善 エビデンスを用いて



## 1 バッテリーシートによる児童生徒の変容

平成27年度のバッテリーシートの結果（平成27年５月）と平成28年度のバッテリーシートの結果（平成28年５月）との比較を行いました。その結果が**資料１**と次ページ**資料２**です。

**資料１**から，小学部は「学級生活不満足群」が減少して，「満足群」が増加したことで，人間関係形成・社会形成能力の高まりを感じることができます。しかし，中等部では学級満足度の減少が目立ちました。**資料２**は学習における課題解決力を示すもので，昨年度に比べ，小学部はほとんどの項目が増加しその向上をみることができました。一方，中学部は減少した項目が多かったことがわかります。それゆえ平成28年度はでてきた課題を意識して，研究に取り組むこととしました。

**資料１　Q－Uの学級満足度（変容）**

| 学級満足度 | 小学部（平成27年度） | | 小学部（平成28年度） | |
|---|---|---|---|---|
| | 侵害行為認知群 16% | 学級生活満足群 37% | 侵害行為認知群 14% | 学級生活満足群 57%↑ |
| | 学級生活不満足群 33% | 非承認群 15% | 学級生活不満足群 22%↓ | 非承認群 6% |
| | 中学部（平成27年度） | | 中学部（平成28年度） | |
| | 侵害行為認知群 13% | 学級生活満足群 42% | 侵害行為認知群 14% | 学級生活満足群 39%↓ |
| | 学級生活不満足群 33% | 非承認群 13% | 学級生活不満足群 38%↑ | 非承認群 9% |

**資料2　AAIの学習の要因（変容）**

| 学習の要因 | 小学部（平成27年度） | | | | | | 小学部（平成28年度） | | | | | |
|---|---|---|---|---|---|---|---|---|---|---|---|---|
| | 1（%） | 2（%） | 3（%） | 4（%） | 5（%） | 平均値（5点満点） | 1（%） | 2（%） | 3（%） | 4（%） | 5（%） | 平均値（5点満点） |
| 学習の意欲 | 12 | 33 | 29 | 21 | 5 | 2.7 | 13 | 32 | 29 | 17 | 9 | 2.8 ↑ |
| 計画性 | 14 | 14 | 38 | 30 | 5 | 3.0 | 16 | 14 | 16 | 26 | 28 | 3.3 ↑ |
| 授業の受け方 | 14 | 31 | 34 | 12 | 9 | 2.7 | 13 | 30 | 28 | 13 | 16 | 2.9 ↑ |
| 本・ノート | 11 | 16 | 41 | 22 | 11 | 3.1 | 12 | 16 | 35 | 23 | 14 | 3.1 |
| 覚え方・考え方 | 11 | 16 | 38 | 35 | 0 | 3.0 | 9 | 21 | 35 | 21 | 14 | 3.1 ↑ |
| 学校の学習環境 | 16 | 28 | 21 | 22 | 14 | 2.9 | 7 | 29 | 41 | 14 | 9 | 2.9 |
| 家庭学習の様子 | 10 | 38 | 29 | 16 | 5 | 3.4 | 7 | 39 | 35 | 12 | 7 | 2.7 ↓ |
| 自己効力感 | 17 | 24 | 41 | 7 | 10 | 2.7 | 16 | 23 | 38 | 12 | 12 | 2.8 ↑ |
| 自己統制 | 9 | 41 | 31 | 16 | 3 | 2.6 | 14 | 32 | 32 | 7 | 14 | 2.8 ↑ |
| メタ認知 | 24 | 24 | 31 | 14 | 7 | 2.6 | 20 | 32 | 25 | 12 | 12 | 2.6 |
| 学習の要因 | 中学部（平成27年度） | | | | | | 中学部（平成28年度） | | | | | |
| | 1（%） | 2（%） | 3（%） | 4（%） | 5（%） | 平均値（5点満点） | 1（%） | 2（%） | 3（%） | 4（%） | 5（%） | 平均値（5点満点） |
| 学習の意欲 | 0 | 22 | 28 | 41 | 9 | 3.4 | 10 | 19 | 40 | 24 | 7 | 3.0 ↓ |
| 計画性 | 4 | 11 | 38 | 26 | 21 | 3.5 | 5 | 29 | 29 | 24 | 14 | 3.1 ↓ |
| 授業の受け方 | 4 | 13 | 43 | 30 | 11 | 3.3 | 10 | 21 | 29 | 29 | 12 | 3.1 ↓ |
| 本・ノート | 6 | 11 | 34 | 28 | 21 | 3.5 | 10 | 21 | 40 | 21 | 7 | 3.0 ↓ |
| 覚え方・考え方 | 6 | 15 | 26 | 34 | 19 | 3.4 | 12 | 31 | 21 | 21 | 14 | 3.0 ↓ |
| 学校の学習環境 | 9 | 21 | 30 | 30 | 11 | 3.1 | 12 | 24 | 26 | 21 | 17 | 3.1 |
| 家庭の学習環境 | 2 | 26 | 26 | 28 | 19 | 3.4 | 10 | 17 | 31 | 26 | 17 | 3.2 ↓ |
| 自己効力感 | 13 | 15 | 28 | 37 | 7 | 3.1 | 17 | 21 | 36 | 17 | 10 | 2.8 ↓ |
| 自己統制 | 6 | 36 | 28 | 15 | 15 | 3.0 | 10 | 29 | 21 | 24 | 17 | 3.1 ↑ |
| メタ認知 | 4 | 17 | 28 | 38 | 13 | 3.4 | 7 | 19 | 36 | 31 | 7 | 3.1 ↓ |

## 2 平成27年度の事前事後アンケート結果

平成27年度は，基礎的・汎用的能力（PART２-３表１・資料１参照）の４つのうち，「イ自己理解・自己管理能力」と「ウ課題対応能力」に焦点化して研究を進めていました。

その力の変容を測るために，２つの能力の項目（**表１**）を参考にして，アンケートを作成しました。そして，変容をみるために７月と12月の２回実施しました。項目に対して，

「４よくあてはまる」，
「３どちらかといえばあてはまる」，
「２どちらかといえばあてはまらない」，
「１あてはまらない」

で自己評価させ，４と３を選んだ生徒の割合を調べたところ，小学部は**資料３**のような結果となりました。

**表１　平成27年度アンケート項目**

| 項目番号 | 基礎的・汎用的能力 | |
|---|---|---|
| イ | 自己理解・自己管理能力 | ①基本的生活習慣 |
| | | ②自己の理解 |
| | | ③自分を律する力 |
| | | ④主体的行動力 |
| ウ | 課題対応能力 | ①見つける力 |
| | | ②見通す力 |
| | | ③課題解決力 |
| | | ④振り返る力 |

**資料３**　小学部アンケート結果（左が１回目，右が２回目）

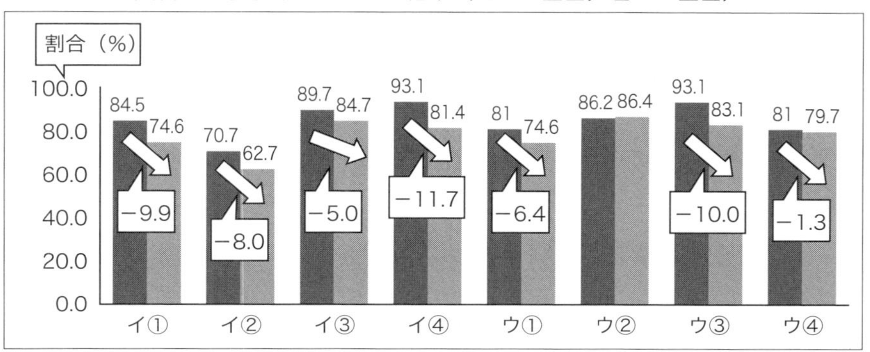

小学部では，ポイントが下がった項目が多かったのですが，児童の客観性が増したためだと思われます。１回目と２回目を通して，８項目の中で「イ②自己の理解」のポイントの低さが目立っていました。そのため，平成28年度でも引き続き「イ②自己の理解」を含む自己理解・自己管理能力の育成に力を入れることとしました。

また，中学部は**資料４**のような結果となりました。

**資料４**　中学部アンケート結果（左が１回目，右が２回目）

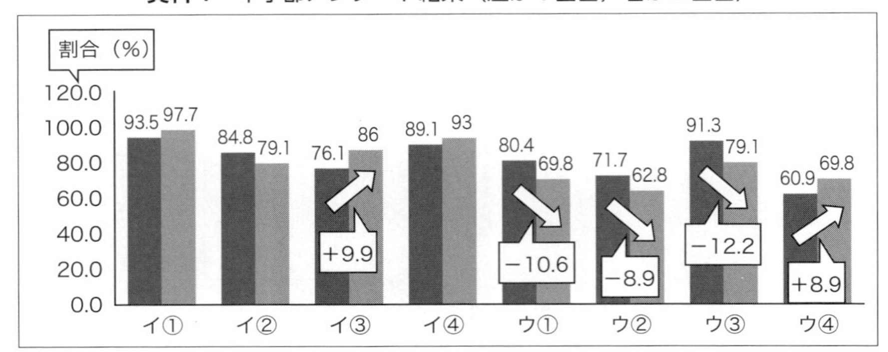


中学部では，「イ③自分を律する力」と「ウ④振り返る力」が大きく伸びています。しかし，「ウ①見つける力」，「ウ②見通す力」，「ウ③課題解決力」については，ポイントが下がっています。特に「ウ③解題解決力」は一番ポイントを下げる結果になりました。

この結果により，２年目の研究でも「ウ③解題解決力」をふくむ課題対応能力の育成に引き続き力を入れることとしました。

## 3 平成28年度のFuyo夢アンケートの結果（学習面）

### （1）小学部

小学部では，５月上旬と12月中旬に，事前事後アンケートとしてFuyo夢アンケートを行いました。**資料５**は小学部の，学習面における各能力の事前事後の平均値の変化を表しています。

**資料５　小学部Fuyo夢アンケートの各項目の変化**

| 領域 | 番号 | 能　力 | 事前 | 事後 | 変　化 | |
|---|---|---|---|---|---|---|
| 学習面 | ① | 協力する力 | 3.40 | 3.47 | 0.08 | ↑ |
| | ② | 主体的行動力 | 3.39 | 3.69 | 0.29 | ↑ |
| | ③ | 見つける力 | 3.02 | 3.35 | 0.33 | ↑ |
| | ④ | 見通す力 | 3.23 | 3.50 | 0.27 | ↑ |
| | ⑤ | 課題解決力 | 3.19 | 3.53 | 0.34 | ↑ |
| | ⑥ | 振り返る力 | 3.14 | 3.39 | 0.25 | ↑ |

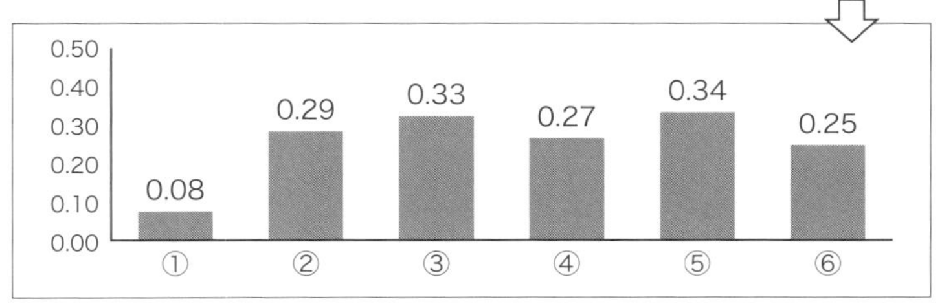


小学部では，**資料５**のとおり，すべての項目が上昇しました。特に「③見つける力」と「⑤課題解決力」の伸びが大きく，学習の課題を考えたり，課題に向かって解決しようとしたりする力が伸びたことがわかりました。学習面では，芙蓉校メソッド（PART２表１，資料１参照）のアングルC「共に学ぶ力」の視点から「話し合い」や「学び合い」を取り入れたグループ学習に取り組んできたことが要因と考えられます。

### （2）中学部

中学部では，Fuyo夢アンケートを自己評価形式で，計４回（１回目４月中旬，２回目９月中旬，３回目10月下旬，４回目12月中旬）行いました。そのグループ等の学習面において，１回目と４回目の平均値の領域ごとの結果が**資料**

6となります。

**資料6**のとおり，すべての項目が上昇し，特に「③主体的行動力」，「④見つける力」，「⑦振り返る力」の伸びが大きくなりました。学習面では，中学部でも芙蓉校メソッドのアングルCの視点から「学び合い」を取り入れ，生徒は主体的に活動することができていたことが上昇の要因と考えられます。

**資料6　領域における変化**

| 領域 | 番号 | 能　力 | 1回目 | 4回目 | 変　化 | |
|---|---|---|---|---|---|---|
| 学習（グループ等の） | ① | 協力する力 | 5.35 | 6.60 | 1.25 | ↑ |
| | ② | 自己の理解 | 4.53 | 5.88 | 1.35 | ↑ |
| | ③ | 主体的行動力 | 4.77 | 6.38 | 1.61 | ↑ |
| | ④ | 見つける力 | 4.49 | 6.00 | 1.51 | ↑ |
| | ⑤ | 見通す力 | 4.74 | 6.14 | 1.40 | ↑ |
| | ⑥ | 課題解決力 | 5.16 | 6.26 | 1.10 | ↑ |
| | ⑦ | 振り返る力 | 4.79 | 6.33 | 1.54 | ↑ |

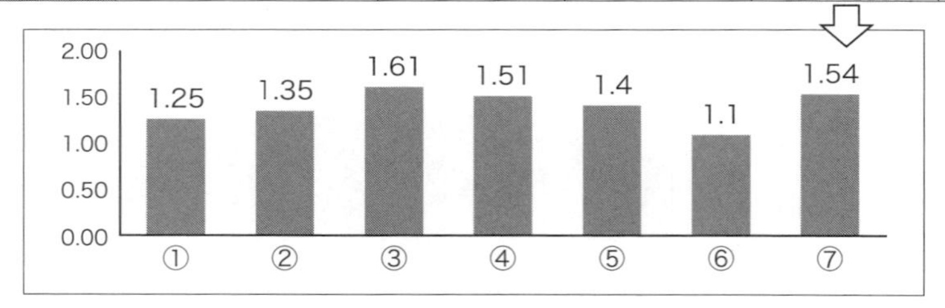


## 4 平成28年度のFuyo夢アンケートの結果（学習面以外）

### （1）小学部

次ページの**資料7**は，小学部のFuyo夢アンケートの，学習面以外の各能力の事前事後の平均値の変化を表しています。

「キャリア教育」・「基礎的・汎用的能力」の定義（PART２‐３資料１）のうち，アの「人間関係形成・社会形成能力」に当たるのが，次ページ**資料7**の項目「①協力する力」です。「わがままをせず，友達と力を合わせていましたか」という質問項目があり，友達のことを考えながら，協力することができるようになった児童が増えたことを示します。これは，学級活動や代表委員会などの集団活動での取り組みによるものだと考えられます。

**資料７　小学部の Fuyo 夢アンケートの各項目の変化**

| 領域 | 番号 | 能　力 | 事前 | 事後 | 変　化 | |
|---|---|---|---|---|---|---|
| 生活面 | ① | 協力する力 | 3.45 | 3.66 | 0.21 | ↑ |
| | ② | 自己の理解 | 2.93 | 3.17 | 0.24 | ↑ |
| | ③ | 主体的行動力 | 3.36 | 3.43 | 0.07 | ↑ |
| | ④ | 見つける力 | 3.08 | 3.24 | 0.15 | ↑ |
| | ⑤ | 見通す力 | 3.12 | 3.49 | 0.37 | ↑ |
| | ⑥ | 課題解決力 | 3.17 | 3.45 | 0.27 | ↑ |
| | ⑦ | 振り返る力 | 3.19 | 3.22 | 0.03 | ↑ |
| 自分 | ⑧ | 自己の理解 | 2.93 | 3.16 | 0.23 | ↑ |
| 将来 | ⑨ | 将来設計力 | 3.51 | 3.64 | 0.13 | ↑ |
| | ⑩ | 選択・行動・改善力 | 3.32 | 3.39 | 0.06 | ↑ |

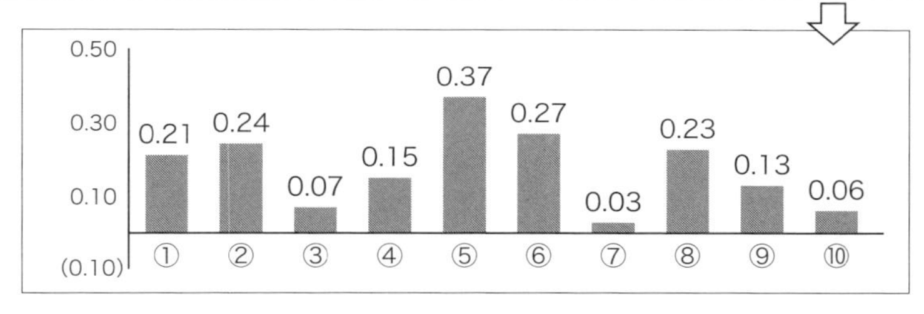


イの「自己理解・自己管理能力」は，**資料７**の「生活面」の「②自己の理解」「③主体的行動力」,「自分」の「⑧自己の理解」です。「生活面」の「②自己の理解」は，「みんなの役に立っていますか」という質問項目で +0.24,「自分」の「②自己の理解」は，「自分の好きなものを見つけたり，自分のいいところに気づいたりしましたか」という質問項目で +0.23の伸びがみられました。この結果で，児童は自分のことをより理解したり，自己肯定感を上げたりすることができたといえます。特に，学級での係活動や児童会活動 , 行事への参画に力を入れたことで , 学級や学校で役立っていると感じるようになった児童が増えたと考えられます。

ウの「課題対応能力」は，**資料７**の「生活面」の「④見つける力」「⑤見通す力」「⑥課題解決力」「⑦振り返る力」です。特に「⑤見通す力」（+0.37）

がすべての項目でいちばん大きい上昇でした。アンケートは,「何かに取り組むとき,どうすればいいか,いつも考えていますか」という内容で,そのように意識して活動できる児童が増えたことがわかりました。これは児童会等での自治的活動の推進が大きいと思われます。児童が自分たちで活動していく場面で,見通すことの必要性や大切さを実感することができたと考えらます。

エの「キャリア・プランニング能力」は,**資料7**の「⑨将来設計力」「⑩選択・行動・改善力」です。それぞれ+0.13,+0.06で大きな向上はありませんでした。しかし,⑨は「夢や目標に向かって,今できることを考えていますか」,⑩は「学習や生活の中でよいと思うことを取り入れて行動しようとしていますか」という質問項目があり,Fuyo夢タイム等で,将来のことや,そのためにがんばることを質問するなどしました。それによって,児童が将来について考える機会を多くもったことが伸びの要因だと考えられます。

### (2) 中学部

#### ① それぞれの領域における,基礎的・汎用的能力の各項目の変化

**資料8**(次ページへ続く)は,中学部のFuyo夢アンケートの学習面以外の領域における1回目と4回目の平均値の変化の結果です。

**資料8 領域における変化**

| 領域 | 1回目 | 4回目 | 1回目から4回目の変化 | |
|---|---|---|---|---|
| 学級 | 4.88 | 6.26 | 1.38 | ↑ |
| 行事 | 5.15 | 6.48 | 1.33 | ↑ |
| 生徒会 | 4.56 | 5.89 | 1.33 | ↑ |

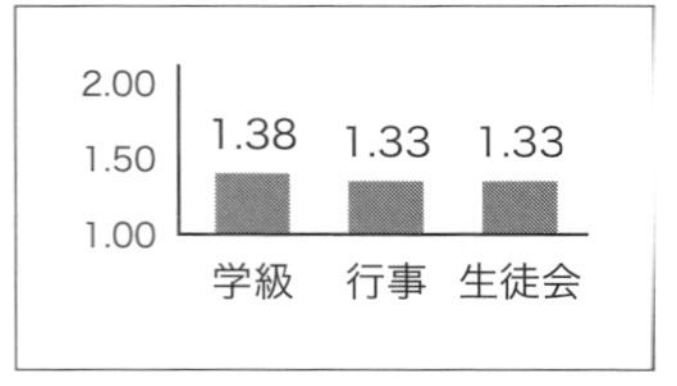

| 領域 | 番号 | 能　力 | 1回目 | 4回目 | 変　化 | |
|---|---|---|---|---|---|---|
| 学級 | ① | 協力する力 | 5.40 | 6.65 | 1.25 | ↑ |
| | ② | 自己の理解 | 4.33 | 5.96 | 1.63 | ↑ |
| | ③ | 主体的行動力 | 4.86 | 6.21 | 1.35 | ↑ |
| | ④ | 見つける力 | 4.79 | 6.05 | 1.26 | ↑ |
| | ⑤ | 見通す力 | 4.93 | 6.29 | 1.36 | ↑ |
| | ⑥ | 課題解決力 | 5.19 | 6.38 | 1.19 | ↑ |
| | ⑦ | 振り返る力 | 5.40 | 7.04 | 1.64 | ↑ |

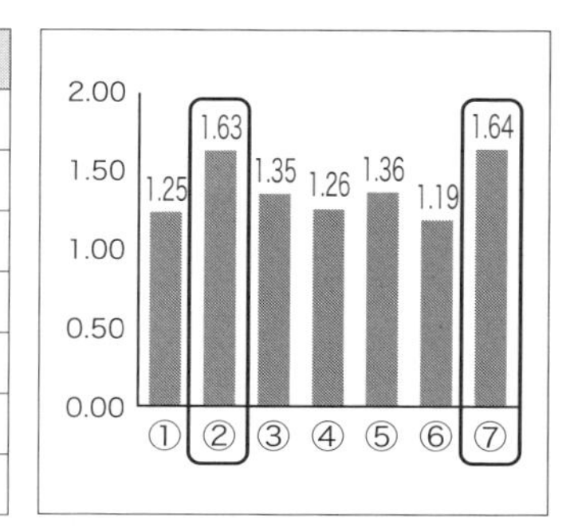


| 領域 | 番号 | 能　力 | 1回目 | 4回目 | 変　化 | |
|---|---|---|---|---|---|---|
| 行事 | ① | 協力する力 | 6.00 | 7.12 | 1.12 | ↑ |
| | ② | 自己の理解 | 4.67 | 6.07 | 1.40 | ↑ |
| | ③ | 主体的行動力 | 5.37 | 6.57 | 1.20 | ↑ |
| | ④ | 見つける力 | 4.67 | 6.26 | 1.59 | ↑ |
| | ⑤ | 見通す力 | 5.21 | 6.50 | 1.29 | ↑ |
| | ⑥ | 課題解決力 | 5.21 | 6.36 | 1.15 | ↑ |
| | ⑦ | 振り返る力 | 4.88 | 6.47 | 1.59 | ↑ |

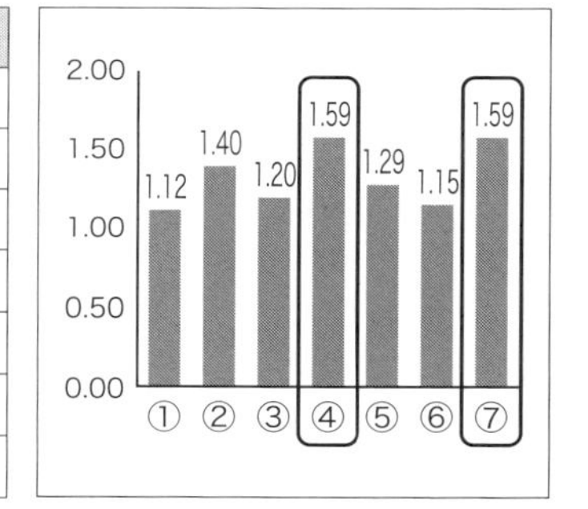


| 領域 | 番号 | 能　力 | 1回目 | 4回目 | 変　化 | |
|---|---|---|---|---|---|---|
| 生徒会 | ① | 協力する力 | 5.12 | 6.03 | 0.91 | ↑ |
| | ② | 自己の理解 | 4.21 | 5.64 | 1.43 | ↑ |
| | ③ | 主体的行動力 | 4.53 | 6.09 | 1.56 | ↑ |
| | ④ | 見つける力 | 4.42 | 5.69 | 1.27 | ↑ |
| | ⑤ | 見通す力 | 4.56 | 5.76 | 1.20 | ↑ |
| | ⑥ | 課題解決力 | 4.67 | 6.00 | 1.33 | ↑ |
| | ⑦ | 振り返る力 | 4.44 | 6.05 | 1.61 | ↑ |

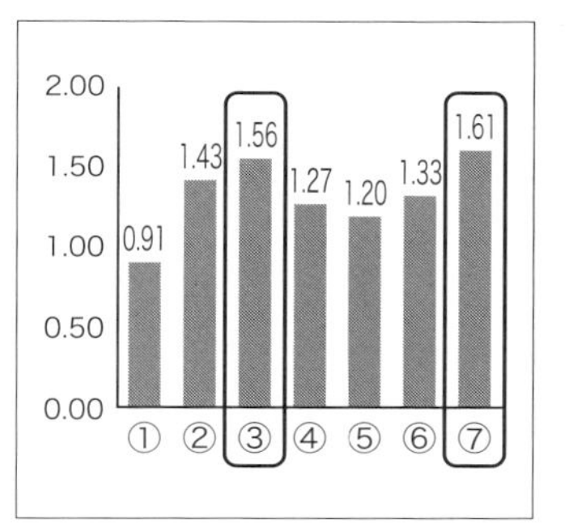

**資料8**からすべての領域，すべての項目で値が上昇していることがわかります。領域の資質・能力別に，上昇した値が高かった項目を見ていくと，「学級」では「②自己の理解」（＋1.63）と「⑦振り返る力」（+1.64），「行事」では「④見つける力」（＋1.59）と「⑦振り返る力」（+1.59），「生徒会」では「③主体的行動力」（＋1.56）と「⑦振り返る力」（+1.61）となりました。

まず，「学級」の「②自己の理解」の上昇については，その項目が，「学校や学級の役に立っている」という内容で，これまでの学級の取り組みが自己有用感の向上につながったと考えられます。

次に，「行事」の「④見つける力」の上昇については，その項目は「活動に取り組むとき，目標を設定できるか」という内容で，例えば体育大会の前にはエピソード記録表等で，評価規準を生徒に決めさせたのち，評価規準をもとに目標を立てさせてから活動に移りました。このように，活動への取り組みは目標を設定することから始まることを，生徒は体得したものと思われます。

「生徒会」の「③主体的行動力」で，各専門委員会の活発な活動，行事と連携した活動は，自治的な活動の促進，生徒が自分から進んで行動する力を身につけさせることにつながりました。

「⑦振り返る力」に関しては，すべての領域で大きな上昇を見せました。学級活動での振り返り活動，行事の事後指導としての振り返りの授業，各専門委員会で行ってきた反省，それらが「振り返る力」の上昇になったと考えられます。しかも，「振り返る力」の項目には，「次の活動に生かすことができる」という内容も含み，生徒は振り返りを次に生かそうという意識や態度を養うことができたのではないでしょうか。

**②　基礎的・汎用的能力における，各領域の変化**

中学部の人間関係形成・社会形成能力，自己理解・自己管理能力，課題対応能力の平均点の向上を，領域ごとにみたのが，次ページ以降の**資料9～11**です。**資料9**から，「ア人間関係形成・社会形成能力」については，「学級」の領域での平均点の上昇がいちばん高く（+1.25），次いで「行事」でした（＋1.12）。

人間関係形成・社会形成能力の項目は「①協力する力」で，学級活動での話し合い活動，行事の中で学級が力を合わせて取り組んだことが，これらの結果に結びついたと考えられます。

**資料9　人間関係形成・社会形成能力の領域ごとの変化**

| ア 人間関係形成・社会形成能力 | 1回目 | 4回目 | 変化 | |
|---|---|---|---|---|
| 学級 | 5.40 | 6.65 | 1.25 | ↑ |
| 行事 | 6.00 | 7.12 | 1.12 | ↑ |
| 生徒会 | 5.12 | 6.03 | 0.91 | ↑ |

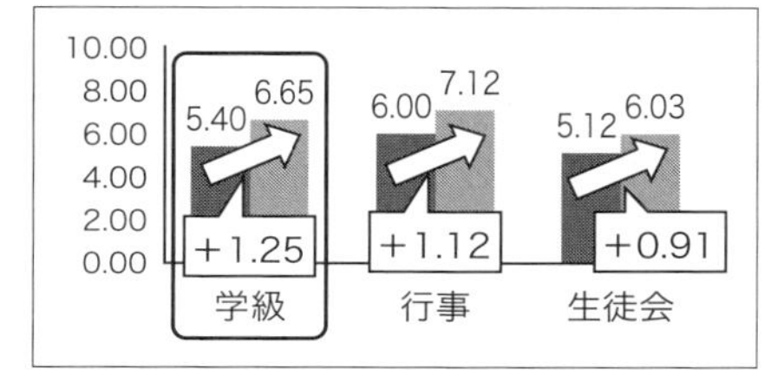


**資料10　自己理解・自己管理能力の領域ごとの変化**

| イ 自己理解・自己管理能力 | 1回目 | 4回目 | 変化 | |
|---|---|---|---|---|
| 学級 | 4.59 | 6.08 | 1.49 | ↑ |
| 行事 | 5.02 | 6.32 | 1.30 | ↑ |
| 生徒会 | 4.37 | 5.87 | 1.50 | ↑ |

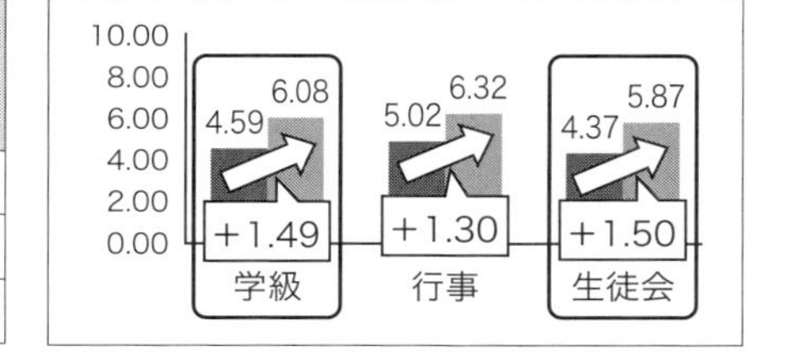


**資料10**から，「イ自己理解・自己管理能力」については，「学級」および「生徒会」で上昇が大きかったことがわかります（「学級」+1.49，「生徒会」+1.50）。自己理解・自己管理能力の項目は「②自己の理解」と「③主体的行動力」で，「学級」での自己有用感の高まりと「生徒会」での自分から進んで行動する意識の高まりが，この結果になったと考えられます。

次ページ**資料11**では，「ウ課題対応能力」については，どの領域でも上昇が大きかったのですが，特に「行事」での上昇が際立ちました（+1.40）。

次ページ**資料12**は「エ キャリアプランニング能力」についてです。3つの項目の中でも「⑩選択・行動・改善力」の上昇が大きかったことがわかります。アンケート内容は「自分の夢や目標を実現するために行動することができていますか」で，夢や目標のために行動することができる生徒が増えました。これは，これまでの学級活動，学校行事の取り組みの成果の表れだと思われます。特に，Fuyo 夢タイム等の学級活動では，ただ夢や目標を考えるだけでなく，それを実現するための方法や行動まで意識させて考えさせる取り組みが大きかったと分析しています。

**資料11　課題対応能力の領域ごとの変化**

| ウ 課題対応能力 | 1回目 | 4回目 | 変化 | |
|---|---|---|---|---|
| 学級 | 4.90 | 6.26 | 1.36 | ↑ |
| 行事 | 4.99 | 6.39 | 1.40 | ↑ |
| 生徒会 | 4.52 | 5.87 | 1.35 | ↑ |

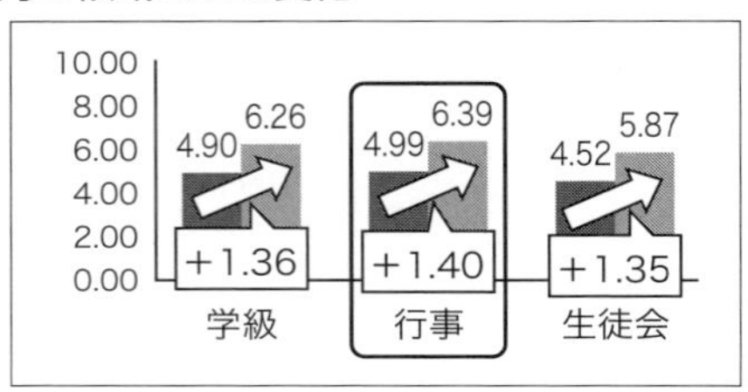


**資料12　キャリアプランニング能力の平均値の変化**

| エ キャリアプランニング能力 | | 1回目 | 4回目 | 変化 | |
|---|---|---|---|---|---|
| ⑧ | 夢や目標をもっているか | 5.56 | 6.54 | 0.98 | ↑ |
| ⑨ | 将来設計力 | 4.63 | 6.14 | 1.51 | ↑ |
| ⑩ | 選択・行動・改善力 | 4.26 | 6.00 | 1.74 | ↑ |

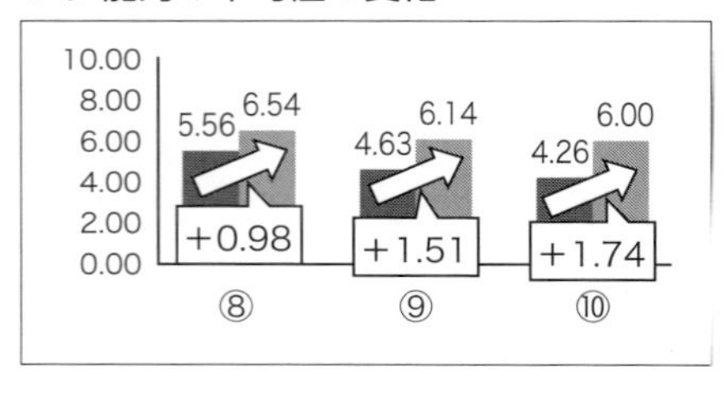


**資料13　基礎的・汎用的能力の4回分の変化**

| 基礎的・汎用的能力 | 1回目 | 2回目 | 3回目 | 4回目 |
|---|---|---|---|---|
| ア　人間関係形成・社会形成能力① | 5.50 | 6.09 | 6.45 | 6.60 |
| イ　自己理解・自己管理能力②③⑧ | 4.60 | 5.27 | 5.30 | 6.05 |
| ウ　課題対応能力④⑤⑥⑦ | 4.81 | 5.33 | 5.46 | 6.18 |
| エ　キャリアプランニング能力⑨⑩ | 4.81 | 5.15 | 5.09 | 6.22 |

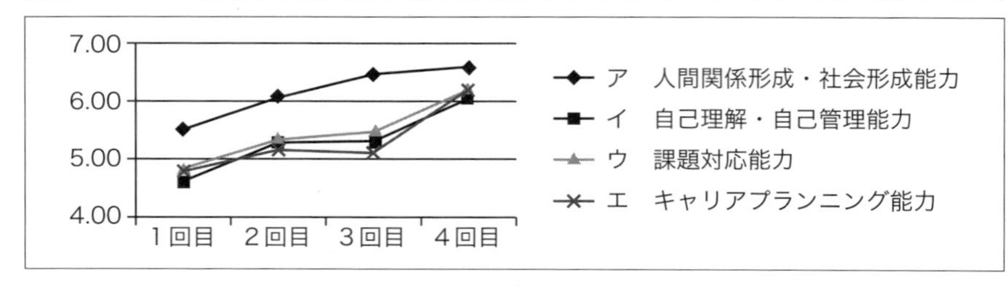

**資料13**は，基礎的・汎用的能力の４回分の変化を示したものです。滑らかに上昇しているようですが，２回目から３回目を見ると，上昇しているものもあれば，そうでないものもあります。時期を考えると，２回目のアンケートは体育大会の後，３回目は文化発表会の前，４回目は文化発表会の後となります。このことから，学校行事の後のアンケートの結果は平均値が上昇することがわかります。

学校行事では，学級活動，児童会・生徒会活動をつなげて活動を行ってきました。それらの活動の成果が相まって，生徒の基礎的・汎用的能力の向上に大きくかかわることを示しているといえます。

「基礎的・汎用的能力」の点からは，「イ自己理解・自己管理能力」，「ウ課題対応能力」，「エ キャリアプランニング能力」の上昇が大きく，最初に平均点が低かったイ・ウ・エの項目が，大きく平均点を上げたことがわかります。特に「イ自己理解・自己管理能力」は，最初はいちばん低かったのですが，４つの中でいちばん向上することができた資質・能力となりました。

また，次ページ**資料14**は自由記述の結果です。ここからも生徒の成長をみることができます。

**資料14**　Fuyo 夢アンケートの自由記述の内容（中学部）

| 友達と協力できたこと。 | 自分のことで新たに発見したこと。気づいたこと。もしくは，できるようになったこと。 |
| --- | --- |
| ・クラスメートと前は協力できなかったことが，できるようになった。<br>・修学旅行で班のみんなと事前学習のうちから協力して活動できた。<br>・応援合戦などでは意見を出してきちんと話し合えた。<br>・リーダーだけに押しつけずに協力できた。<br>・体育大会のダンスや型を教え合った。<br>・劇の準備や練習をみんなで協力して行うことができた。<br>・文化発表会の話し合いや台本作りで協力した。<br>・劇の演技でアドバイスを出し合って協力することができた。<br>・劇の練習で話し合う場面では，納得するまで話し合った。<br>・授業では教え合ってわからないところを協力してできるようになった。<br>・授業でわからないところは友達と協力して解決し理解することができた。<br>・クラスのみんなと協力する力が高まった。<br>・仲間と協力する，助け合うという思いが今までより強くなった。<br>・どんなこともみんなですれば成功するということがわかった。 | ・前より行動が早くなった。<br>・自分で考えて動けるようになった。<br>・自分が素直になった。<br>・自分の苦手なことにもチャレンジできるようになった。<br>・何でも前向きに捉えプラス思考になった。<br>・あいさつを自分から先にできるようになった。<br>・１，２年生のとき以上に積極的に行動することができた。<br>・何事も率先してできるようになってきた。<br>・大きな声で挨拶できるようになった。<br>・みんなと過ごしていくうちに，少しずつ明るく，強く，いい方に変わってこれたかもしれないと感じた。<br>・自分が今すべきことや今周りでどんなことが起こっているかなど，冷静に判断することができるようになってきた。<br>・自分から行動できるようになりました。 |

| がんばって解決したこと。<br>または，取り組んだと思えること。 | 夢や目標に向かって取り組んでいること。 |
|---|---|
| ・今習っているところをまとめることができた。<br>・授業中の問題を皆がわかり合えるようにわからないところは教え合った。<br>・数学でわからないところを何人かで集まって解決した。<br>・体育大会でわからないところは自分から聞き，いろいろな人と解決した。<br>・図書館祭りではどうしたら参加する人が楽しくイベントに参加できるかを考えて，その運営企画に取り組みました。<br>・生徒会活動を積極的に取り組んだ。<br>・どのようにしたら劇がうまくいくか，みんなでアドバイスをしあって解決した。<br>・照明と劇が合わなかったので，何回も相談して合うようになった。<br>・話し合いなどでしっかりと自分の意見を出し合って取り組んだ。<br>・けんかしてもそのまま放置しないで話し合いで解決した。 | ・勉強を一生懸命し，成績をよくするようにがんばっている。<br>・勉強を一生懸命して将来に役立てるようにがんばった。<br>・自分の苦手な教科の勉強も一生懸命取り組んだ。<br>・毎日必ず課題に取り組んで提出を忘れないようにすること。<br>・将来を考えるようになった。<br>・自分の志望している進路について考えている。<br>・自分でどんな仕事があるか社会人になってどんな世の中になるかを調べている。<br>・今は具体的に決まっていないけれど今はとにかく勉強をがんばっている。<br>・行きたい高校に向けて勉強をがんばっている。<br>・何にでも積極的にしている。<br>・どの高校に進学したら自分の夢が叶えられるかたくさんの高校の情報を知ろうと思う。<br>・将来何にでもなれるように今は勉強したい。 |

## 5 全国学習状況調査から

平成28年度の小学部６年生の今年度の全国学力調査の意識調査では，全員が夢や目標をもっていると答えました（**資料15**）。これまでの取り組みで，自分の今と将来をつなげたことで，本研究の目標である夢や目標をもち自己実現をめざす児童生徒に近づいたと考えられます。

**資料15　平成28年度全国学力調査の結果**

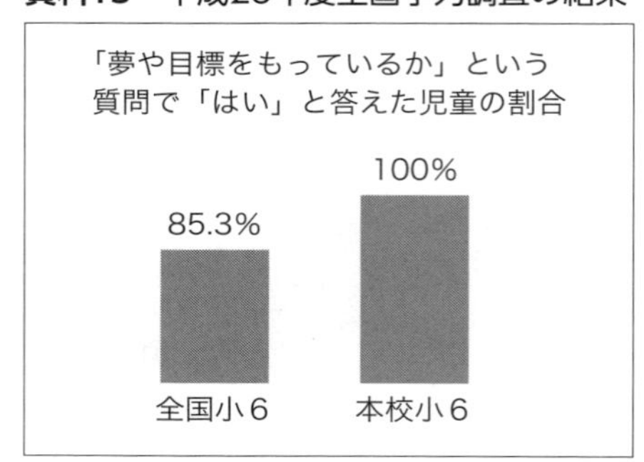

# PART 3

# 全国のさまざまな挑戦！

1. 岩手県大船渡市立大船渡中学校 校長
（岩手県八幡平市立寺田小学校 前校長）

**佐藤　謙二**

2. 高知県土佐市立土佐南中学校 校長
（高知県須崎市立南小中学校 前校長）

**二宮　弘**

3. 佐賀県佐賀市立川副中学校 校長

**池之上　義宏**

# 1 エビデンスに基づく児童の学校生活意欲・学力の向上
## ―hyperQ-Uを活用したCAPDサイクルを通して―

佐藤　謙二

## 1 はじめに　岩手県八幡平市立寺田小学校

本校は岩手県八幡平市の東部に位置しています。市の西部に風光明媚な八幡平がそびえ，また，名湯と呼ばれる温泉も多くあり，国内外から多くの観光客が訪れます。学校の周辺には水田が広がり，日本の伝統的な農村風景が広がっています。地域の結びつきが強く，学校への協力度はとても高いものがあります。PTA活動だけでなく，地域と一体となった教育振興活動も以前からとても盛んな地域です。PTA総会には保護者がほぼ全員が出席します。

児童は明るく純朴な子どもが多いです。清掃を１年生から６年生までの縦割り班で行うために異年齢集団でも仲良し同士です。ただ，６年間学級編成替えがないために，多様な考え方が出にくいこと，切磋琢磨して自分の力を伸ばそうとする面が弱いことが課題としてありました。また，小規模校の先生方の指導上の課題として，児童生徒個々への対応が多くなり，集団全体を育成するという視点が曖昧になる傾向がありました。そこで，本校では学級集団を育成することにより，その集団のもつ力で個人の力も伸ばしていくという実践に学校全体で取り組みました。

## 2 教科横断・学年縦断での実施

### （1）授業づくり・学級づくりの基本的な考え方

① 全教師で最低限必ず実践する内容を定める
② 取り組むべきことについては優先順位をつけて行う
③ 評価についてはマッチングの視点を重要視する

本校では学級経営（学級づくり）と教科指導（授業づくり）を校内研修に位置づけて，「最低限これだけはやる」というガイドラインを定めました。そして，教科指導・生徒指導において全員で共通実践するように努めてきました。さらに，時期ごとに取り組み内容に優先順位を定めてから，実践を継続しました。

これらのねらいは，指導者の意欲の喚起です。あれもこれも取り組んでみたが，結局のところ何も変容がなくて疲弊していくことを予防するために実践内容を絞りました。「これをやったから，こうなったのではないか」と実感できる仕組みを作り，意欲の喚起を図りました。もちろん全体が一気に改善するわけではありませんでした。そのようなときには「この層の子どもには変化がみられないが，この層には効果があった」というように分析的にマッチングの視点で評価を行いました。全体としての傾向性を漠然と捉えることを意図的に排除しました。

また，実践内容が多くなり忙しくなると，誰でも仕事を「こなす」傾向になりがちです。何かを工夫して実践する余裕がなくなります。そこで，内容をスリム化することで，「こなす」ことを予防しました。

### （2）授業づくり

① 教師のリーダーシップ（PM 理論）
② 「①」と学級集団の型の関係
③ 教師のスキル（PM 理論の活用）

授業づくりについては，河村の著作（河村茂雄『授業づくりのゼロ段階』2010）を参考に①〜③について校内研究会で学び合いを行い，共通実践しました。

リーダーシップ理論のなかで，自分は下記の４タイプのうちどれに近いのか理解し，自分の強みと弱みを把握しました。その際，自分の学級のhyperQ-U（よりよい学校生活と友達づくりのためのアンケート）のプロット図と照らし合わせて自分の学級経営を理論で振り返りました。また，教師の対応スキルでは，自分ができていることと，あまりできていないことを自己点検して，今後の指導に生かしました。この学びのなかで「アイ・メッセージ」「自己開示」について，担任の先生方の間にその重要性と有効性について新たな気づきがありました。以下は研究内容の概要です。

**①　教師リーダーシップ理論（PM 理論）**

・P 機能　目標達成機能　学習指導や生徒指導での遂行の機能

・M 機能　集団維持機能　学級集団を親和的にまとめる機能

**②　PM 理論の４つの教師のタイプと学級集団の型の関係**

・P タイプ（M 機能が弱く，P 機能が強い）→かたさのみられる集団

・M タイプ（P 機能が弱く，M 機能が強い）→ゆるみのみられる集団

・pm タイプ（P 機能，M 機能ともに弱い）→ばらばらな集団

・PM タイプ（P 機能，M 機能ともに強い）→弱いまとまりのある集団

**③　教師のスキル**

**ア）「教師の能動的対応スキル」（P 機能の応用）**

◆「指示」…「何を」「どのように」「どれくらいで」について活動の手順等を掲示しながら具体的に示します

◆「発問」…児童の興味や疑問を考え，言語化できていない思いを発します

◆「提示」…児童の思考の整理，意欲の喚起等のため板書したりプリントにまとめたりして，考えを発展させます

◆「説明」…学習内容等を説明するとき，図表等を活用し子どもが理解し興味をもつように展開します

◆「活動の促進」

・子どもたちに回答させます

・学習の成果を確認させます

・個別にサポートします

・ルーティンの行動を定着させます

イ）「子どもへの対応スキル」（M機能の応用）

◆「発言の取り上げ」

・他の子にもわかるように要点を整理して復唱します

・「○○さんの言いたいことは……かな」というように教師が解釈して他の子にわかるように伝えます

・「今の考えどう思う」など良い意見を共有させます

◆「賞賛」

・「前向きな活動」「協調的な態度や振る舞い」「地道な活動」を見つけて褒めます

・褒め方を使い分けます（「全体の前で褒める」「個別に肩をたたく」「ほほえみながら肯いて知らせる」など）。

・意欲が低下した子に「いいよ，もう少し」など励ましの言葉がけをします

◆「注意」

・私語している子に対して「疑問がありますか」と質問して注意を促します。次に「今やること」を聞きます。また，「私は……したいので，やめてほしい」とアイ・メッセージで伝えます。

◆「集団の雰囲気づくり」

・子どもの緊張を緩和したり，意欲を喚起・維持する言葉がけをしたりします

・教師が明るい雰囲気で語ったり，興味を示したりします

◆「自己開示」

・教師が自分の考え，思いや経験などを語ります

## （3）学級づくり

| |
|---|
| ①　理想の学級集団の状態と成立条件 |
| ②　学級集団の発達過程 |
| ③　hyperQ-U でみられる学級集団の型 |

学級集団づくりについて，河村茂雄『学級集団づくりのゼロ段階』（2012）を研究図書として，①～③について学び合いました。

理論研究のあと実践を行い，７月と12月の hyperQ-U の結果到着後，事例検討の個別研究会（校長・副校長・担任・養護教諭のチーム）を開催しました。チーム制にした理由は，多様で柔軟な見方を引き出すこと，アセスメントおよび対応の仕方をメンバー全員が身につけることにありました。４人の話し合いでは当該学級の発達過程における段階や学級集団の型（現在地）を把握したうえで，次回までの目標とする段階（目的地）を決めました。それから，その目的地まで到達するための手立て（到達方法）を考えました。これについては前掲書を参考にして対応しました。

### ①　理想の学級集団

#### ア）理想の学級集団の状態

「規則正しい集団生活」「親和的支持的な人間関係」「自主的意欲的な取り組み」「学び合い」「自治」等がみられる学級が理想の学級集団であると捉えました。

#### イ）理想の学級集団の成立条件

（必要条件）「規律，共有された行動様式」の「ルール」が存在し，かつ「役割交流」だけでなく「感情交流」を伴った「親和的な人間関係」の「リレーション」があること。

（十分条件）　子どもに学習や諸活動に積極的に取り組む「意欲と行動する習慣」，「学び合う姿勢と行動する習慣」があり，また，「自主的に活動しようとする意欲」「行動するためのシステム」が存在すること。

必要条件である「ルール」と「リレーション」を確立したうえで十分条件を

満たしながら，学級全体で種々の取り組みを重ねていくことで理想の学級集団に近づくと考えました。

### ②　学級集団の発達過程

#### ア）第一段階（混沌・緊張期）　無秩序な状態

学級編成直後の段階で，子ども同士に交流が少なく，ルールも確立していない段階です。学級内がバラバラな状態です。

#### イ）第二段階（小集団成立期）　ルールの確立30%

学級のルールが徐々に確立し始め，子ども同士の交流も活発化してきますが，その範囲は仲間内の限られた４人～６人の小集団になっている段階です。

#### ウ）第三段階（中集団成立期）　ルールの確立60%

学級のルールがかなり確立し，指導力のあるリーダーを中心に小集団が連携して，10人程度の中集団が成立する段階です。学級の半数の子どもたちが建設的な役割交流ができている状態です。

#### エ）第四段階（全体集団成立期）　ルールの確立80%以上

学級のルールがほぼ確立し，一部全体の流れに乗れない個人や小集団がいますが，学級全体で一緒に活動できる状態です。

#### オ）第五段階（自治的集団成立期）ルールの確立80%以上で分散が少ない

学級のルールが内在化され，規則正しい行動が良好な雰囲気のなかで展開されます。自分や級友のために協力することができる状態です。

### ③　学級集団の型

#### ア）満足型の集団（満足型　ルール高×リレーション高）

ルールとリレーションが同時に確立している状態です。学級内にルールが内在化していて子どもらが生き生きと活動しています。子ども同士のかかわり合いが積極的です。対応として，子ども主体の活動を多く取り入れました。担任教師は主導的な役割をわきに置いて，委任的なリーダーシップをとるようにしました。

#### イ）かたさのみられる集団（管理型　ルール高×リレーション低）

リレーションがやや低い状態です。一見静かで落ち着いてみえますが，意欲の個人差が大きく，個々の承認感に差があります。この型には承認得点の低い子ども（非承認群）の対応がポイントになりました。個人内評価で地道な努力を賞揚していきました。

**ウ）ゆるみのみられる集団（なれあい型　ルール低×リレーション高）**

ルールの確立がやや弱い状態でした。一見自由でのびのびとしたようにみえますが，ルールが低下していて私語や小さな衝突がみえ始めました。対応策として活動の前に全体でルールの再確認を行うこと，ルール違反のグレーゾーンを明示して予防すること，また，ルール違反を初期の段階でなくすようにしました。

**エ）ばらばらな集団（拡散型　ルール混沌×リレーション混沌）**

ルールとリレーションの共通感覚がない状態です。教師からルールの確立のための指導がなされていない状態です。子どもたちの学級への帰属意識は低く，教師の指示が通りにくくなっています。対応として集団が楽しく取り組むことのできることに挑戦させます。その際，メンバー構成は段階的変化させて，多くと交流できるようにさせていきます。

**オ）荒れ始めの集団（荒れ始め型　ルール低×リレーション低）**

ルールとリレーションの確立がともに低い状態です。「かたさのみられる集団」「ゆるみのみられる集団」から退行し，それぞれのマイナス面が顕在化して，問題行動が頻発してきます。対策として「かたさ」「ゆるみ」の学級集団の対応を同時に行っていきます。

**カ）崩壊した集団（崩壊型　ルール喪失×リレーション喪失）**

ルールとリレーションがともに喪失した状態です。子どもたちは自分の不安を軽減するために，マイナスの方向で結束して他の子どもを攻撃します。この型では子ども同士のかかわり合いはマイナス面が増長しますので，それをいったん遮断して教師対子どもの一対一の関係性を大切にします。それができたら２人組そして４人組のようにサイズの拡大を図っていきます。

## 3 エビデンスに基づく編成と評価

### (1) なぜエビデンスなのか

これまでの教育実践は教師の経験則(観察・面接)にかなり依存して行われてきましたが,それに対して社会や保護者が疑問・否定を示す時代になってきました。これからは児童生徒の実態のアセスメント,先行実践研究や計画立案について保護者に開示して同意を得ていくこと(インフォームド・コンセント)が求められています。また,教育実践の内容と成果を説明すること(アカウンタビリティ)も要請されています(河村,2006)。

上記2つの社会的な要請を達成するには,エビデンス(科学的根拠)は不可欠になります。本校ではエビデンスに基づく教育実践を次のようなフレームで捉えて行いました。

○ 信頼性の高い尺度(NRT,hyperQ-U)で実態をアセスメントする
○ 効果が実証された方法論で実践する
○ 信頼性の高い尺度で成果を評価する

### (2) 実践の時期・対象・目的・尺度

① **時　期** 201X年度から201X+1年度(2年間)

② **対象児童** 78名(201X年度) 67名(201X+1年度)共に1年~6年の全校児童

③ **目　的**

・児童の学校生活意欲を基盤とした学力の向上を図る。
・教師がエビデンスに基づいた指導力(アセスメント・実践・評価)を身につける。
・保護者・地域に対して指導の成果と課題について,エビデンスを示し学校としての説明責任を果たす。

#### ④　使用した尺度

・NRT（標準学力検査，国語・算数）２年～６年　・hyperQ-U　１年～６年

### （3）　CAPDサイクルによる実践

本校では検証改善のサイクルとしてCAPD（評価，改善，編成，実施）を採用しました。PDCA（編成，実施，評価，改善）ではなくてCAPDを採用した理由は，実態把握をより綿密に行い実践をスタートさせたいという思いからでした。なお，CAPDのサイクルはhyperQ-Uの年間２回の実施に合わせて年２サイクルとしました。学級集団は早ければ数か月で変容します。そこで，２サイクル制は学期ごとに変わりゆく学級の実態にすばやく対応できる点でかなり有効でした。

#### ①　Check　多面的な分析による課題の把握（201X年度）

201X年度に実践がスタートしました。heperQ-Uを６月と11月に行い効果測定し，当該年度の学校・学級の課題を抽出しました。その結果の概要が下記のとおりです。

##### ア）スクール・モラールの推移（201X年度）

友達関係・学習意欲・学級の雰囲気の３領域において，６月と11月では有意な変化はみられませんでした（**表１**）。なお，有意差とは，その数値の差は偶然ではなく，統計的な意味があるということです。ですから，有意差には，かなり注目してその原因を調べる必要があります。全国における本校のレベル（Ｈ群：高位　Ｍ群：中位　Ｌ群：低位）の推移は，友達関係：Ｍ群→Ｍ群，学習意欲：Ｈ群→Ｈ群，学級の雰囲気：Ｈ群→Ｈ群となりました。

**表１　全校児童のスクール・モラール得点の推移（201X年度）**

| | 6月 | 11月 | 有意差 |
|---|---|---|---|
| 友達関係 | 10.1（1.8） | 10.3（1.7） | 無 |
| 学習意欲 | 11.5（1.5） | 11.3（1.6） | 無 |
| 学級の雰囲気 | 10.7（1.7） | 10.6（1.6） | 無 |

（ ）内は標準偏差

スクール・モラールについて全体として有意な変化はありませんでしたが，

いくつかの学年では有意に上昇しました。そこで，その担任の先生方から指導行動で改善につながったと思われる点について発表していただき，学び合いをしました。学校全体の成果は学習意欲と学級の雰囲気が全国レベルで高位を維持できたことです。課題は友達関係でした。この点について先生方の観察や面接による児童理解でも指摘されてきたので，結果については全員が改善の必要性を実感しました。

**イ）学級生活満足度の推移（201X 年度）**

承認得点について有意な変化がみられませんでしたが，被侵害得点は６月と比較して11月は有意に下降し，望ましい変化がみられました（**表２**）。

**表２　学級生活満足度の得点平均の推移（201X 年度）**

| | 6月 | 11月 | 有意差 |
|---|---|---|---|
| 承認 | 17.8（4.2） | 18.2（4.1） | 無 |
| 被侵害 | 11.5（4.2） | 8.8（5.0） | 有 ** |

** : $p<.01$

学校全体としていじめ被害感が低下しました。学級生活満足度のレベルの推移は，承認：M 群→ M 群，被侵害：M 群→ L 群となりました。

被侵害得点が有意に下降した原因として次の２点が考えられました。第一に生徒指導主事と担任の連携がありました。生徒指導主事が日常的に先生方の学級経営の相談に応じる体制をつくり，それを継続してきました。第二には情報共有システム・対応チームの構築です。これまでは担任だけが問題行動に対応する傾向がありましたが，一定レベル以上の事案は担任→生徒指導主事→副校長→校長へ報告し，その日から対応チームを編成して対応する体制を構築して事案に対処してきました。

**ウ）学習意欲への影響要因**

友達関係，学級の雰囲気が学習意欲に，どのような影響を及ぼしているのか検討してみました。その結果，友達関係が学級の雰囲気を介して学習意欲にかなり影響を与えていることがわかりました（次ページ**図１**）。

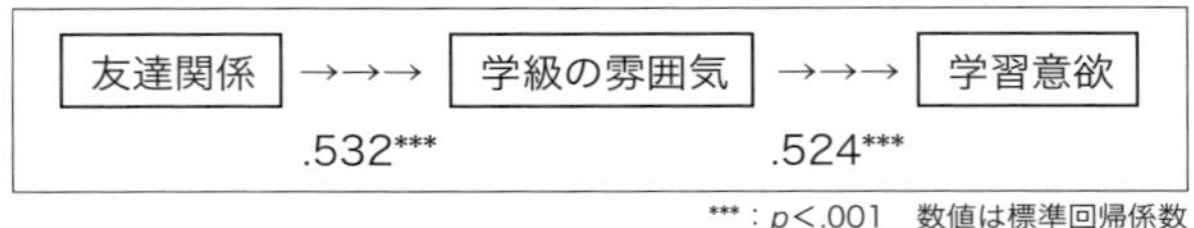


**図1　友達関係・学級の雰囲気が学習意欲に及ぼす影響**

エビデンスから導き出された本校の実態は，友達関係という基盤があり，そこから学級集団の良い雰囲気が醸成されて，学習意欲が高まるという図式です。仲の良い友人，プラス良い雰囲気の学級で学習するから意欲が高まるという結論になりました。肝心な点は友達関係は出発点であることです。同様に承認得点，被侵害得点が学習意欲に与える影響についても検討しました。その結果，被侵害が承認を介して学習意欲に影響を及ぼしていました（**図2**）。いじめ被害感がないところに承認が加われば，学習意欲が高まる図式です。こちらもスタートがあり，それはいじめ被害感のない状態であるということでした。

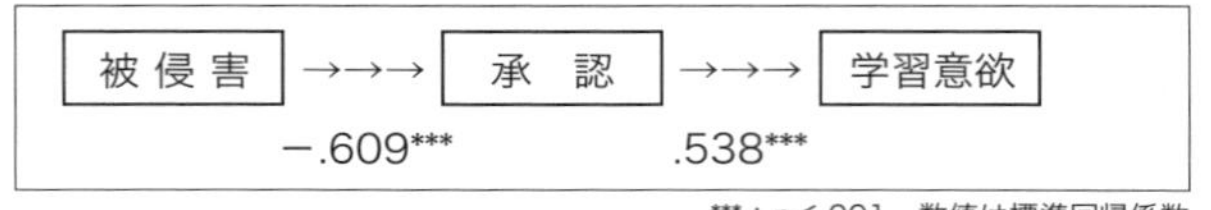


**図2　学級生活満足度が学習意欲に及ぼす影響**

### エ）エビデンスに基づく実態（201X 年度）

研究開始の初年度末における本校の実態は下記のとおりです。

**スクール・モラール**　友達関係（M 群），学習意欲（H 群），学級の雰囲気（H 群）で，友達関係が課題でした。

**学級生活満足度**　承認（M 群），非侵害（L 群）で，承認が課題でした。

**学習意欲への影響**　友達関係・非侵害がベースとしてあることがわかりました。

### オ）エビデンスに基づく仮説

・友達関係を向上させれば（H 群入り）学習意欲が高まり，学力が向上するであろう

・承認が改善されれば（H 群入り），学習意欲が高まり，学力が向上するで

あろう

カ）全国水準（HML）３群の境界値の算出方法

この群分けについては下記の式で求めることができます。

M ± 0.5 × SD　　M：全国平均　SD：標準偏差

（数値は，田上不二夫・河村茂雄『Q-U 実施・解釈ハンドブック（小学校用）』2017を参照）

② Action　課題解決のための手立て（201X ＋１年度）

ア）方針

・エビデンスに基づく仮説に立った実践を行う

・共通実践事項を絞り，実践意欲の喚起と多忙化の防止を図る

・hyperQ-U の結果をもとに個別研究会を開催し実態を把握し，対応を修正していく

イ）具体的な取り組み

◆仮説…友達関係，「承認」が高まれば，学習意欲も高まり，学力が向上するであろう。

（友達関係）

・友人関係をつくり，維持するスキルを機会を捉えて指導する（ソーシャルスキル・トレーニング）

・友人トラブルが生じた場合，言動を再現させ，どの時点で何をすればトラブルが生じなかったのか理解させ再発防止を図る（プレイバック法）

（承認）

・運動会や学習発表会など行事のあとに，学級内で級友からの肯定的な評価を相互にもらえる場を設定し，自己肯定感を高める（構成的グループエンカウンター）

・承認される機会の少ない児童（非承認群）を担任の教師だけでなく，全職員が把握したうえで，地道な仕事ぶりを賞揚する

**◆共通実践事項**

**満足群**　この群は能力の高い子が多いので，授業や諸活動で時間内に作業を終えることが多い。そこで，作業開始前に次の課題を明示することで意欲の継続を図るようにする。

**侵害行為認知群**　不安感の高い児童または自己中心的な児童の２つのタイプが存在する。そこで，前者には不安感を低減するような対応（机間指導でOKサインなど），後者にはソーシャルスキルの訓練を行い集団適応の改善を図る。

**非承認群**　この群は級友などから認められる機会が少ない。そこで，係活動・当番活動などの地道な努力を賞揚していく。

**不満足群**　この群には侵害行為認知群と非承認群の対応を使い分けて行う。使い分けの基準は，児童が２つの群のうちどちらの傾向が強いかによる。

**◆個別研究会**

○とき　年間２回（７月，12月），調査結果が届いた時点

○参加者　校長　副校長　担任　養護教諭の４人

チームで分析するのは①多面的・多角的な見方ができること，②分析と対応の手法をより多くの参加者が学べることなどのメリットを考えてのことです。

○方法　「K13法」によるケーススダディ

これについては，河村（2013）の「教師間で行う学級経営の検討会のあり方」に詳細が示されています。その概要は以下のとおりです。

第一段階は事例提供者が事前に「事例報告シート」に必要事項を記入します。このシートには，問題と感じていること，公的なリーダー・非公的なリーダー・気になる子・プロットの位置が予想外の子の番号と簡単な説明等を記入します。

第二段階は提供者がシートに沿って説明し，参加者が疑問点を質問し全体像を理解します。

第三段階は参加者各自が「アセスメント・対応シート」を活用し，自分の

考えたアセスメントと対応策について記入します。その後でメンバーから出された考えを全体で整理します。ここでは学級集団の発達過程の段階や学級集団の型についても話し合われます。

（河村茂雄『集団の発達を促す学級経営（小学校）』2013より）

### ③ Plan 検証可能な目標・年間計画の設定（201X＋1年度）

ア）方針

・学校，学級の実態を踏まえ，現在地よりやや高く，しかも到達可能な目標を設定する。

・学校全体として前年度の実態を受けて目標を設定する

イ）検証可能な目標（学校・学級共通）

**スクールモラール** 友達関係をH群へ 3領域全国比110以上

**学級生活満足度** 「承認」H群「被侵害」L群へ 満足群比率65％以上

ウ）年間計画の概要（201X年度も同様）

**CAPD 2サイクル制** 実質的には前期（4月～8月）後期（9月～1月）2，3月はまとめの時期としました。

201X＋1年度の活動

・4月 全体研究会（研究の目的・研究内容・目標値）
NRT実施（2年～6年，国語・算数）
・6月 hyperQ-U実施（年度内1回目）
・7月 hyperQ-U校内個別研究会
・11月 hyperQ-U実施（年度内2回目）
・12月 hyperQ-U校内個別研究会
・3月 全体研究会（研究のまとめ）

この他定例職員会議での学習会数回を各年度に行いました。

### ④ Do 進捗状況の確認と振り返り（201X＋1年度）

201X＋1年度内の実践の成果等についてスクール・モラール，学級生活満足度や NRT で検証してみました。

ア）スクール・モラールの推移（201X ＋１年度）

友達関係・学習意欲・学級の雰囲気得点のすべての得点が有意に上昇しました。

全国水準では友達関係：M 群→ H 群，学習意欲：M 群→ H 群，学級の雰囲気：M 群→ H 群と３領域ですべて H 群となりました。目標値では友達関係が105→111，学習意欲が106→111，学級の雰囲気が109→112と向上して目標とする110以上を達成することができました。年度のスタート時は３領域とも M レベルと前年より低めでしたが，指導の効果により本校児童のスクール・モラールが向上したことが実証されました（**表３**）。

**表３**　スクール・モラール得点平均の推移（201X ＋１年度）

| | 6月 | 11月 | 有意差 |
|---|---|---|---|
| 友達関係 | 10.3（1.7） | 10.9（1.2） | 有 ** |
| 学習意欲 | 10.3（1.3） | 10.8（1.3） | 有 ** |
| 学級の雰囲気 | 10.8（1.3） | 11.2（1.2） | 有 ** |

** : $p<.01$

イ）学級生活満足度の推移（200X ＋１年度）

承認得点が有意に上昇し，被侵害得点が有意に下降しました（**表４**）。

承認 M 群→ H 群，被侵害 M 群→ L 群となり本校の児童の承認感がかなり高まり，いじめ被害感が大きく低下するという望ましい変化がみられました。目標値の満足群比率では６月50％（全国より＋10％）11月71％（全国より＋31％）と大きな伸びがみられ，特に課題であった承認が改善できたできたことは大きな成果でした。

**表４**　学級生活満足度得点平均の推移（201X ＋１年度）

| | 6月 | 11月 | 有意差 |
|---|---|---|---|
| 承認 | 18.8（4.1） | 20.7（2.9） | 有 *** |
| 被侵害 | 10.8（3.7） | 9.2（3.1） | 有 *** |

*** : $p<.001$

ウ）学力の推移（同一集団内の変容）

学力の伸びは同一集団を対象に経年変化をみる必要があります。

学力の把握につきましては，NRT（国語・算数）を用いて201X 年度の２年～５年（201X ＋１年度３年～６年）を対象にして追跡調査を行いました。実践１年目の結果と２年目の結果を比較検討してみました。

国語は学校全体で全国比105から110に伸びて５ポイント上昇しました（**図３**）。算数は101から110に９ポイントアップしました（**図４**）。国語・算数ともに学力が有為に向上したことは，先生方の実践の自信につながりました。

| | | |
|---|---|---|
| 国語 SS | 52.5（7.1）→54.5（6.8） | $p$ < .01 |
| 算数 SS | 50.6（9.1）→55.0（7.7） | $p$ < .01 |

このような学力の伸びはスクール・モラールや学級生活満足度と関係していると思われます。スクール・モラールは友達関係・学習意欲・学級の雰囲気の３つから構成されますが，これらは内部相関が高いので，学習意欲以外のものが高まれば学習意欲が高まることになります。つまり，スクール・モラールの向上は学力につながるということになります。

その関連性が**図５**の資料からみえてきます。**図３**・**図４**の学力の伸びと次ページ**図５**のスクール・モラールの変化を比較しますと，似ていることに気がつくと思います。

特に学校全体のスクール・モラールの全国比と学力の全国比の数値がかなり近くなっています。

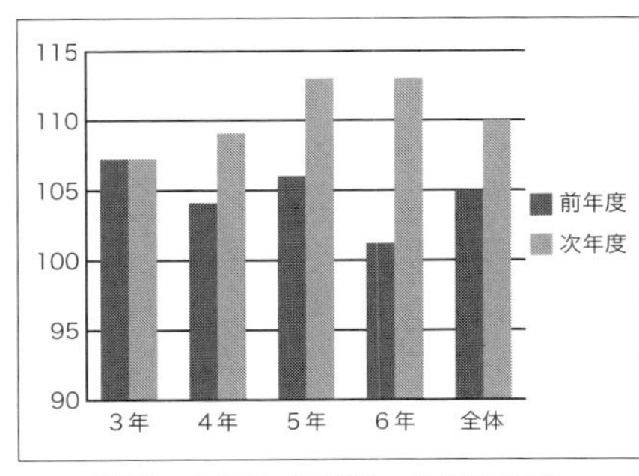


**図３**　NRT（国語）の経年変化

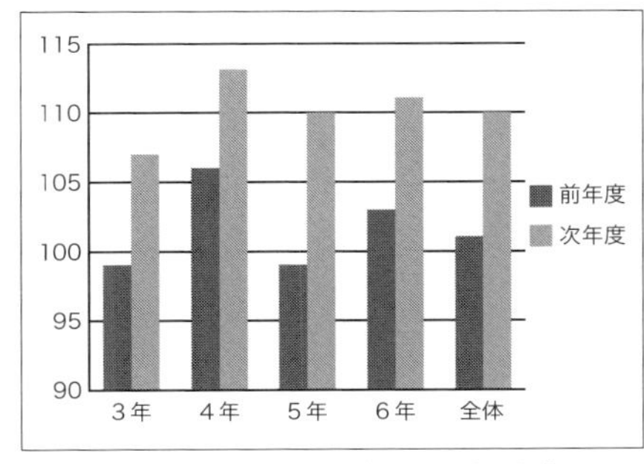


**図４**　NRT（算数）の経年変化

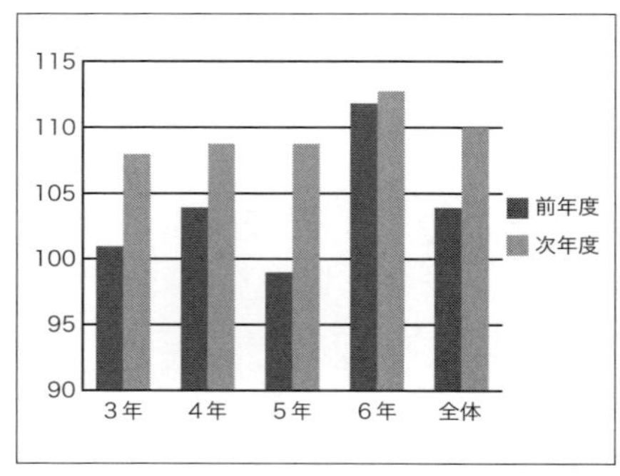


図5　スクール・モラールの経年変化

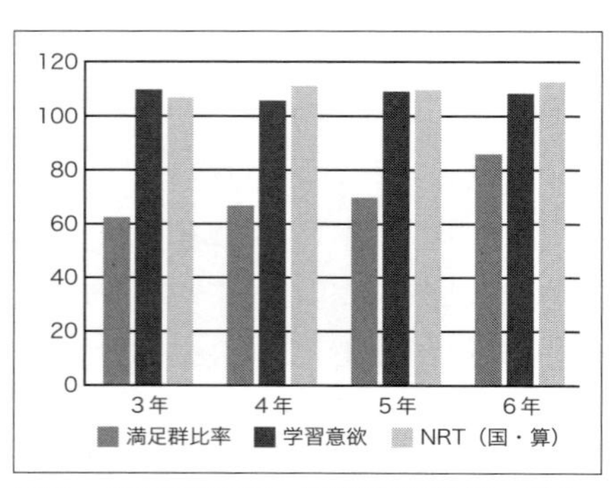


図6　満足群比率・学習意欲得点・学力の実態

満足群比率，学習意欲得点，学力の実態について**図6**に示します。

満足群比率が65％以上で「親和的な集団」である場合，シナジー・エフェクト（相乗効果）で個人の良さが集団に拡散し，学級集団全体の質が向上するといわれています。また，学習意欲得点とNRTの偏差値はかなり相関が高いことが証明されていますが，本校でも例外でないことは，グラフからもみて取ることができました。

## 4 多様な教育資源の活用と改善

### （1）物的資源　―援助ニーズ把握シート―

本実践のキーコンテンツはもちろんhyperQ-Uです。このツールはスクール・モラール，学級生活満足度やソーシャル・スキルについて個人・学級集団・学校の実態を明らかにしてくれる優れものだと思います。調査データにひと手間かけるとさらに使い勝手のよいツールになると思います。

寺田小学校での実践をヒントに，現任校の大船渡市立大船渡中学校では今年度より，生徒個々の援助ニーズ把握シートの作成と活用を始めました（次ページ**図7**）。

生徒がスクール・モラール上で全国水準ＨＭＬのうちどこに位置しているか

| 生徒氏名 | 友人関係 | 学習意欲 | 教師関係 | 学級関係 | 進路意識 |
|---|---|---|---|---|---|
| 1○○○○ | | 青◎ | | | |
| 2□□□□ | 青 | 赤 | | | 青 |

色分け　H群：青　M群：無色　L群：赤
◎：H群でも1標準偏差以上の場合　▲：L群でも1標準偏差以下の場合

**図7　生徒の援助ニーズ把握シート**

わかるようにしたものです。この一覧表の利点は，第一に色分けされているので短時間で生徒個人の援助ニーズが把握できます。第二に学年を超えて全教師が活用するので，教科担任・部活顧問も生徒理解が深まり，指導に役立てることができます。第三に指導の検証への活用です。1学期と2学期の結果をファイルの見開き2ページに収納します。そして左右を見比べて生徒の変容を確かめ，指導の成果と課題を把握します。

私は校内授業研究会等のときには必ずこのシートを事前に見てから，教室に入ることにしています。教科の授業では特に「学習意欲」を把握しておき，個々の学習への取り組み方やグループ活動へ参加の様子を参観したうえで，先生方に授業の成果と課題を伝えるようにしています。

また，本校は東日本大震災発災以降，復興教育に力を入れキャリア教育をより重視してきました。これによって生徒の「進路意識」がどのように変容するのか，この一覧表を使いながら経年的に実態を把握し検証していきます。この表ををもとに「進路意識」が向上した生徒にはどのような共通点があるのか，いくつかに分類し，その背景を調べていく予定です。そしてそれを次年度のキャリア教育の実践に生かしていきたいと考えています。

この他にも hyperQ-U にひと手間かけた活用方法は多くあると思います。各学校で創意工夫してそれを形にしていって，情報交換，実践交流ができれば楽しいと思います。

## （2）人的資源　―児童・保護者や地域・教師集団―

**寺田小の児童**　A男は前年度よりNRTの偏差値で9ポイント（国語・算数平均）学力を伸ばしました。そこで，その秘訣を聞いてみました。

校長「どんなやる気スイッチが入ってがんばれたのですか」

A男「担任の先生が新しいことを勉強するときに前の学年で習ったこととつなげて説明してくれるので，それがすごく面白くてだんだん楽しくて学習するようになりました」

既習事項の復習が大切であることは十分に理解していましたが，それが，学習意欲にもつながることを聞いて自分自身大きな学びとなりました。森・黒沢は児童生徒は「問題解決のリソース（資源）をもっている。彼らは問題解決のエキスパートである」（森俊夫・黒沢幸子『解決志向ブリーフセラピー』2002より）と指摘していますが，まさにそのとおりだと思いました。この件以外にも研究を進めるうえで多くの気づきを与えてくれた子どもたちは貴重な人材でした。

**保護者・地域**　本実践についてPTA総会や校報で保護者・地域に子どもの変容を数値で示しながら伝えてきました。その結果，家庭での話題も学習のことが中心となってきました。新入生の保護者のなかには，入学にあたり本校の取り組みについて調べてきた家庭もありました。また，在校生の保護者の方からこのような指導をさらに発展させて，子どもたちの学力や生活力を伸ばしてほしいとの声も寄せられました。学校としての責任をさらに痛感しました。この実践を通して保護者の方々や地域が学校の応援団として声がけしてくださることに頭が下がる思いでした。説明責任の反響は大きいものがありました。

**教師集団**　教育実践で高い成果を上げるには，次のような教員組織が前提となると指摘されています。

①教育実践の向上を目指して教員個々の自主的に学び続ける意欲と行動の高さ（自主・向上性）②学校全体の教育活動に対して，組織的に取り組めるような同僚性と協働性についての意識と行動の高さ（同僚性・協働性）

さらに，ベテラン層がこの２点の達成を目指していくと，シャワー効果により，中堅や若手も伸びていく。

（河村茂雄『学校管理職が進める教員組織づくり』2017より）

本校もこの傾向がみられました。これに関しては，学級経営の手法を職員室経営に応用したことと，システムの構築の２つが有効だったと思います。前者はルールとリレーションのある職員集団づくりを小集団から中集団，そして全体へと拡大していったことです。後者は寺田小式CAPDシステムを作り，年間２回高速で運用したことです。システムの枠内で先生方の行動を変えて，それが感情（児童も教師も伸びを実感できてうれしい等）や思考（このシステムは効果があるのでさらに活用しよう等）の正のスパイラルを生み出し，実践意欲が持続・向上したのではないかと考えています。

**（３）財的資源**

本実践にかかわり２年間県外の公益財団からのご支援をいただき，自校からの支出は多くありませんでした。これからは，自らの教育実践を外部に発信して，必要な資金を自ら獲得していく時代になっていくのではないでしょうか。なお，支援団体からは本実践と小学校英語教科化への対応により財政支援を受けました。後者は学校・地域・教育委員会が連携して，地域の昔話を調べ，英語電子紙芝居（"The Legends of Mt.Nanashigure"「七時雨山伝説」）を製作し外国語活動で活用したものです。今後も今日的な教育課題に挑戦し，資金援助を受けそれを教育活動に投資して成果を子どもたちに還元していきたいです。

**おわりに**

デービット・アトキンソン（2015）は日本と海外の企業風土を比較するなかで，以下のような問題提起をしています。

日本の企業や社会では会議のときに非常に大雑把な判断をしていることが多い。「数字」を根拠にしないので，論点が定まらず議論に長い時間を要するので，効率が悪い。これは，woolly thinking（散漫な思考）と呼ばれ，「枝を切り落とすときに，その枝に座るような危険な行為」である。

（デービット・アトキンソン『イギリス人アナリストだからわかった日本の「強み」「弱み」』2015より）

耳の痛い話ですが，的を射ている部分があると思いました。民間企業と学校と現場は違いますが，参考になります。「数字」はエビデンスと言い換えることができると思います。エビデンスのある議論は散漫でなくなり，効率化にもつながると読み解くことができます。効率化とは教育界では実践内容の焦点化，実践意欲の喚起や教師の多忙化防止であると捉えます。寺田小学校で行ったエビデンスに基づく実践（Evidence-Based Practice）に磨きをかけて，「学校経営に科学の視点を」をモットーにして児童生徒の学校生活適応力・学力を向上させる活動を広めていきたいと考えています。

**【引用・参考文献】**

第１節

河村茂雄『授業づくりのゼロ段階』図書文化社，2010

河村茂雄『学級集団づくりのゼロ段階』図書文化社，2012

第２節

河村茂雄『学級づくりのための Q-U 入門』図書文化社，2006

田上不二夫・河村茂雄『Q-U 実施・解釈ハンドブック（小学校用）』図書文化社，2017

河村茂雄『集団の発達を促す学級経営（小学校）』図書文化社，2013

第３節

森俊夫・黒沢幸子『解決志向ブリーフセラピー』ほんの森出版，2002

河村茂雄『学校管理職が進める教員組織づくり』図書文化社，2017

デービット・アトキンソン『イギリス人アナリストだからわかった日本の「強み」「弱み」』講談社，2015

■■■高知県須崎市立南小中学校

# 2 生きる力を育む防災教育の実践
## ―地域の特性を生かしたPDCAサイクル―

二宮　弘

## 1 教科横断，学年横断での実施

### （1）はじめに

新学習指導要領では，「生きる力」の育成という教育の目標が教育課程の編成により具体化され，よりよい社会と幸福な人生を切り拓くために必要な資質・能力が児童生徒一人一人に育まれることをめざしており，「何を学ぶか」そして「何ができるようになるか」という，資質・能力の育成をめざすことを指導のねらいとして設定することが重要となりました。

私が平成23年から平成28年まで勤務していました，前任校の高知県須崎市立南小中学校は，校舎一体型の小中一貫推進校でした。校舎は海抜約3.7メートルで海岸に面しており，想定される津波による浸水は約10～20メートル，津波到達時間は，約10分とされる場所でした（**写真1**）。

**写真1**　海岸に面した南小中学校

平成23年３月11日の東日本大震災の際には，校区の湾に約３メートルの津波があり，養殖漁業に甚大な被害が生じました。この地域や学校において，防災教育は喫緊の課題となり，平成23年度から児童生徒に目標をもたせた地震津波避難訓練および教育課程に位置づけた防災教育を計画的に実施してきました。

学校教育目標は，「明日を拓く南っ子　～明るく，楽しく，活気のある学校をみんなで創る」とし，小中共通の校内研修テーマは，「小中一貫教育の推進」。「〜知・徳・体の向上をめざして〜　〜生きる力を育む防災教育・キャリア教育〜」の２本の副題とし，平成25年度は「高知県実践的防災教育推進事業」および「３年間のキャリア教育の地域指定校」，平成26年度は，「文部科学省の防災キャンプ推進事業」を受け，学校支援地域本部事業により，学校・家庭・地域の連携・協働のもと，防災教育やキャリア教育を推進してきました。

### （2）高知県須崎市立南小中学校の防災教育の目標

①災害時に自分で判断し，最善の行動がとれる児童生徒の生きる力を育成する。
②助け合いやボランティア精神など，「自助・共助」の心を育み，人間としての在り方，生き方を考えた行動を取ることができる。

### （3）防災教育におけるめざす児童生徒像

①災害時に，自分の命は自分で守り，自ら判断し，行動できる児童生徒。
②災害発生時に，集団や地域の安全に役立つことができる児童生徒。
③防災についての基礎基本的事項を理解できる児童生徒。

### （4）取り組み内容

#### ①　実践的な避難訓練の実施

平成23年度から高台への避難に要する時間短縮の目標を児童生徒にもたせ，避難訓練を計画的に実施してきました。

学校から海抜20メートルの高台までの避難時間は，平成23年度：３分30秒，平成24年度：３分，平成25年度：２分55秒と，回を重ねるごとに短くなり，本校の児童生徒全員が，３分以内で安全に避難できるようになりました（**写真２**）。

**写真２**　20mそして40mの高台へ

訓練当日はトランシーバーを使用し，学校から校区の公民館や近隣の学校や避難所との連絡を行う訓練も実施しました。さらに，避難後の情報伝達状況も確認し，その後，二度逃げを想定し，40メートルの高台への移動も行いました

（写真３）。

　また，登下校時に地震が起きたことを想定した近くの高台への避難訓練は，地域の方・公民館・地域の消防団の協力のもとに実施しました。

　そのうえで，保育園や地域と合同の避難訓練を実施し，地域における児童生徒や教職員の実践力も高めてきました。

**写真３**　トランシーバーでの情報伝達

### ②　学校教育活動と防災教育の関連についての研究

　教育課程に防災教育を位置づけ，計画的に学校教育活動を実施するため，まず，各教科，道徳，総合的な学習の時間，特別活動等の学校教育活動全体で防災教育を行うために，学校教育目標や学校経営方針に防災教育を位置づけました。次に，研究構想図や小中一貫教育による研究組織と研究計画を見直し，チーム学校としての取り組みを推進することとしました。

　そのためには，各教科と防災教育の関連を図るため，学習指導要領にある教科等の目標や内容をもとに防災教育の指導法についての研究を深めました。

　そして，「防災教育年間指導計画・道徳教育と教科等学校教育関連一覧表」を小学1年生から中学3年生まで作成し，９年間で実践し，評価を行い，改善を図ってきました。以下は，教科等での本校の実践です。

#### ア　国語科防災教育関連

・「読むこと」：文学教材，説明文教材の題材。（生命尊重）
・「書くこと」：俳句・短歌作り（テーマは防災）
・「話すこと・聞くこと」：討論のテーマ（防災・生命）
・「作文の題材」：（避難訓練，災害時の行動）
・「新聞記事の題材」：（自然災害，地震・津波）

**【授業実践例】**

単元名：「学校の良さを宣伝しよう」（小６）

目標：学校の良さが伝わるように根拠や理由を明確にして，聞き手の印象に残るように工夫して話すことができる。［話すこと・聞くこと］

防災の視点：本単元の学習活動では，児童からあげられる本校の特徴の中に，学校を取り巻く自然環境については，海が目の前に広がる，山に囲まれている等が含まれることが予想されました。

防災教育の視点で捉えると，豊かな自然には二面性があり，自然からの恩恵を受けているという面と，地震や台風などの時には，自然が脅威となるという面があります。津波等の自然災害について学び，子どもたちや地域の方が，真剣に防災学習や防災訓練に取り組むことで，地域に誇りをもつ児童生徒を育成していきたいと考えました。

また，「開かれた学校づくり推進委員会」において，地域の方に対して，現在，学校で行っている防災教育について説明し，地域の方と共に防災教育を推進していくこととしました。(学校・家庭・地域の連携・協働)

本単元の学習活動では，下記の３つの防災の視点を意識して進めました。

①南小学校を取り巻く環境のすばらしさ，自然の豊かさに気づくとともに，地震が起きたときは，津波や山崩れの危険性があることを確認する。

②学校を取り巻く自然環境から，津波を想定した避難訓練の実施や，防災学習の必要性について理解することができる。

③「開かれた学校づくり推進委員会」などで地域の方に対して話をする際に，自分たちの学校の取組や課題を，学校から地域に積極的に発信することで，地域とのつながりをさらに深めることができる。

これらの学習により，言葉による見方・考え方を働かせ，言語活動を通して，言葉の特徴や使い方を理解し，自分の考えを深めることにつながっていきました。

イ　社会科防災教育関連

・学校前の海岸にある防潮堤を調べる学習では，白地図に防潮堤を記入し，高さや長さを自分たちで調べることで，この高さが昭和南海地震の津波の高さであり，台風などの高潮の防止や津波の防御になっていることを知る。(小

３，小４）

・市役所職員を講師にして，外部の人材を活用することで，市の地震時の津波対策や地域の安全を守る関係機関の努力や工夫を学び，さらに，自助・共助・公助の意識を深めることができる。（小３，小４）
・地域の消防署を見学し，そこでのさまざまな施設，設備を知り，そこで働く人からの聞き取り調査をすることで，災害や事故防止のための日常の取り組みや緊急事態の備え，災害や事故発生時の組織的な対処についての学習を深める。（小３，小４）
・地域の消防団員から，火災や台風の風水害防止など，地域の人々の生命と財産を守っている活動についての話を直接聞くことで学習を深める。（小３，小４）
・自然災害の防止と国民生活のかかわりは，地震や津波，火山活動，台風や長雨による水害や土砂崩れなどを調べる。（小５）
・地域の砂防ダムや堤防などの整備，ハザードマップの作成，土砂災害についてインターネット等を活用して調べたことや考えたことを表現する。（小５）
・災害復旧や防災の取り組みについて調べる。（小６）

〔他の教科との関連〕

・救急車・消防自動車：（小１）国語のりものしらべ，（小４）理科空気と水
・消火器，消火栓：（小１・２）生活科の学校の施設，公共物や公共施設
・生命尊重：（道徳，特別活動，総合的な学習の時間との関連）

**【授業実践例】**（小６）

・災害復旧の取り組みは，東日本大震災後の取り組みについて，新聞記事や写真資料を使い，国や地方公共団体の救援活動や災害復旧工事など地域の人々や国民の願いや計画から実施までの期間や過程，規模や予算などを取り上げ具体的に調べる。（小６）

第１時：災害直後と自衛隊の作業を２枚の写真から考える。

第２時：災害が起きたときの対策

（救護活動，食料確保，医療，住居の確保，復旧の予算）

第３・４時：国，県，市の組織的な救援活動。

第５時：災害復旧のまとめ。

第６時：租税の役割や使われ方と税金。

ウ　理科防災教育関連

**写真４**　校内研での授業分析

・乾電池１個と豆電球１個を銅線でつなぎ，回路ができると電気が通り豆電球が点灯する。（小３）
（災害時に学校が避難場所になり，停電の時に，この実験を思い出し，理科室の部品を使い臨時の懐中電灯を作った事例を話すことで学んだことの意義を実感させる学習につながりました。）（**写真４**）

・晴れた日，曇りの日，雨の日の気温の変化をグラフにすると，気温の変化は天気によって違うことがわかる。（小４）
（防災関連：避難場所での夜間の体温維持について児童に質問し，考えさせて，発表させる。）

・長雨や集中豪雨による土砂崩れや川の増水による被害について，新聞の記事や図書やインターネットの資料を調べる。（小５）

・台風や長雨によって湾内に流入した雨水での，地域の養殖漁業の被害について，地域の漁師の方から，直接，児童が体験談を聞く。（小５）

・大きな地震によって，土地に地割れが生じたり，断層が現れたり，崖が崩れたりする。その結果，土地の変化が大きく変化することがある。自然災害と関連づけながら，火山活動や地震によって土地が変化した様子を観察したり，シュミレーションの映像，図書などの資料をもとに調べたり，過去に起こった火山活動や大きな地震によって，土地が変化したことを学ぶ。（小６）
（理科以外の教科等との関連を図る。教科・特活・道徳・総合的な学習の時間等）

エ　生活科防災教育関連

・生活の場所での防災マップ作りなど，具体的な活動や体験を通して自立への基礎を養う（次ページ**写真５**）。

・防災対策として校舎の消火器，非常口，本棚の固定，学校用強化ガラスなどを探し，その役割を理解し地震が起きたときの校舎の危険個所などを調べる。

・自然災害，交通災害，人的災害理解のための安全カルタ作り（**写真６**）。
（国語科，音楽科，図画工作との関連）

**写真５**　地域の防災マップ作り

**写真６**　安全カルタ作り

・地域の方にインタビューして，過去の南海地震の様子を聞き，地域の避難場所への避難道を確認し，地域の防災マップを自分たちで作り，安全な登下校を行ってきました。（地域人材の活用を図ることで，楽しく安心で安全な生活ができることにつながりました。）

**オ　算数科・数学科防災教育関連**

・算数・数学の授業で学習して知識・技能を身につけた後に，防災と日常生活に関連した応用問題の文章問題を解き，学習を構造化・概念化することで，知識が理解につながり，思考へ発展させることにつながるようにするための基礎を築いていく。

**【授業実践例】**

・小２の算数「乗法」の学習をした後の例
「昭和南海地震の津波は約５mでしたが，２倍の津波がきたら何mになりますか」
（校舎の２階のベランダから地面までの５mの距離を計り，４階からは10mということを体感させ，学んだことを具体的な学びに深めました。）

・小２算数「長さの単位と測定」の学習の例
「2011年３月に須崎市に約３mの津波が来ました。３mを体感しよう！」

1
2
3

（床から黒板の上までの３ｍの高さを視覚的に体感させ理解を深めました。）

**カ　外国語活動・外国語科防災教育関連**

・あいさつ，自己紹介などで簡単な英語を話す活動：本校に来校してきた外国人に直接，簡単な英会話で児童の手作り名刺を渡す活動により，普段学んでいることが活用でき，もっと英語を学びたいという児童の意識の変化がありました（**写真７**）。

**写真７**　JICA の来校者との名刺交換と英会話

・地震や津波が来たとき，日本語のわからない外国人に，英語でその状況を簡単に伝え，避難所へ導くことができるような生徒になってもらいたいと考え，簡単な英会話で聞き手に正しく伝える学習を深めました。

・「災害用伝言ダイヤル」に英語で情報を入れたり，災害時に英語で情報を伝える英会話についての学習を深めました。

**【授業実践例】**（中３）

・伝言ダイヤルサービスに英語でメッセージを送る。

①めあて「災害用の伝言で自分の気持ちを相手に正しく伝えよう」

②用意してきた伝言を練習する。　個人→ペア→グループ。

③次の３つのめあてを満たしているか生徒同士が評価し合う。

（1）適切な音量，（2）正確な発音，（3）適切なイントネーション

④伝言をテープに録音する。　⑤録音を聞く。　⑥内容を聞き取る。

⑦他の人に伝える（聞き取った伝言を書き，班でまとめる）。→班発表。

⑧まとめ（授業評価表の用紙へ生徒が記入し学習を振り返る）。

・総合的な学習の時間で調べてまとめた地域の歴史を英語訳にした「資料」を副教材のテキストとして活用する。（英語と総合的な学習の時間の関連）

**キ　技術・家庭科防災教育関連**

・地域の方を講師に布を使いミシンで防災ずきんを作る（次ページ**写真８**）。

（地域との連携・協働）

・地域の方を講師に，地域の魚の炊き込みご飯の郷土料理「鯛飯」作りを行い，調理実習の応用として地域の方と共におにぎりなどの炊き出し訓練を行う（**写真９**）。

・調理をしているときに地震が発生したときの対処法も考える。

（保健分野との関連：やけどなど傷害防止）

・地域の人から過去の災害について聞き，地域で行われている「炊き出し訓練」（**写真10**）に主体的に参加し，家庭生活が地域と相互に関連して成り立っていることを理解する。

（道徳関連：地域社会の一員としての自覚，郷土愛）

・家庭で話し合いを行い，地震に備えて，各家庭で家具の固定など，家屋の安全対策や，災害時に向けて非常持ち出し品を用意しておくことについて，学校で学習したことを家庭で実践する。

（学校・家庭・地域との連携・協働）

**写真８**　地域の方を講師に招いた防災ずきんづくり

**写真９**　郷土料理の鯛飯作り

**写真10**　地域の方の炊き出し訓練

### ク　保健体育科防災教育関連

**【授業実践例】**

小中合同体育（運動遊び）

小中一貫校の本校では，平成25年度から，小中合同体育の（運動遊び）に「防災教育の視点」を取り入れ，月に一回計画を立てて実施して

**小中合同体育（運動遊び）**

１，大根ひきぬき合戦（１分間）
２，細胞分裂おにごっこ
３，ドッジボール（３対３）
４，10秒後におにごっこ（防災）
　※先生方は交通整理をする。
雨天時：ストラックアウト
　※時間が余れば「じゃんけんおにごっこ」

**図１**　運動遊びでの防災教育

きました（**図１**）。

小中合同体育における防災教育の視点として「高い所にある避難場所へかけ上がる体力」をつけることとしました。

そして，命を守るための持久力をつけ，正しい知識，判断力，行動力を身につける取り組みも実施し，小中合同体育（体育館での小中合同運動遊びの後に20メートルの高台への避難）を行ってきました（**写真11・12**）。

**写真11・12**　小中合同体育後、20mへの高台に向けてかけ上がりました

小中学生が縦割り３チームに分かれて，中学生が主体となって「運動遊び」を行い，各チームで対戦した大根引き抜き合戦（バスケットサークル内に入りみんなで腕を組むなどして，他のチームにサークル外に引っ張り出されないように耐えるゲーム）を行い，連帯感を深めました。

また，鬼ごっこの後に，津波避難訓練時と同じルートを使用し，小学生が高台へスタートした後，10秒後に中学生が津波の役となり小学生を追いかけ，一生懸命に逃げるといった，緊張感のある取組を中学生が発案し，「高い場所へかけ上る体力」をつけてきました。

**小中合同体育（救命救急活動，水流体験）**

1，体操（ストレッチ）
2，シュミレーション　川添先生がたおれた！　｝体育館
3，救急運搬
（移動）　プール　小雨決行
4，流れのある水を体験しよう！
・みんなで流れをつくる
・流れに沿って泳いでみよう
・流れに逆らって泳いでみよう
・津波体験
※中止時は，ストラックアウト

**図２**　救命救急活動，水流体験

小中合同体育（救命救急活動，水流体験）

中学生が救命救急法の学習を生かして，救急搬送を実施しました（**図２**）。

小学生の目の前で，演技で突然教員が倒れ，中学生が心肺蘇生（心臓マッサージ）を行い，別の生徒がAEDを取りに行き，そして，地域の防災訓練で使用した竹の棒２本と毛布で臨時担架を作り，救急救命活動を行いました。

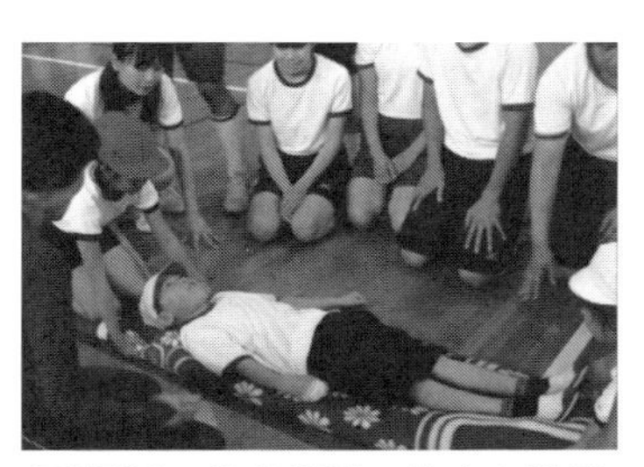

**写真13**　救急搬送の仕方を学ぶ

小学生にとっては衝撃的だったかもしれませんが，人の命を救うことに年齢は関係がないことを理解させることができました。そして，中学生が小学校低学年をフォローし，竹と毛布を使い救急搬送の仕方も教えました（**写真13**）。

**写真14**　小中合同体育：合同水泳

次に，プールへ移動し，全員で流れを作り，できた流れに沿って泳いだり，流れに逆らって泳ぐ体験をしました（**写真14**）。

そして，小学校高学年と中学生が協力して，水を大きく揺らしプールからこぼれるほどの人工の波をつくり水の勢いを全校で体験することができました。

小中合同体育（着衣泳）

水難時の正しい判断と望ましい行動ができるよう室内で学習した後に，プールに移動し，着衣泳（**図3**）を実施しました。事前にペットボトルやビニル袋を準備し，いざというときのための長時間の「背浮き」にも挑戦をしました。

**小中合同体育（着衣泳）**

1，体操（ストレッチ）　～入水の準備
2，海や河川で起きた事故や原因について
　～着衣泳の大切さ～
3，着衣のまま歩く，泳ぐ
4，着衣泳
　①背浮き
　②靴背浮き
　③ペットボトル背浮き
　④各自工夫して背浮きに挑戦
5，転落の救助
　水難事故　助けに行かず，救助を！
　救助に向かった時に死亡することが多い！

**図3**　着衣泳の実施

この学習により，服を脱いだり，泳力を過信した行動をとるのではなく，助けが来るまでは，自分で「浮いて待つ」ということの大切さを実感でき，ペットボトルやビニル袋を実際にどのように使用したらよいかも知ることができました（**写真15**）。

**写真15**　小中合同体育：着衣泳

ケ　音楽科防災教育関連

・我が国の自然や四季の美しさを感じ取れるもの又は我が国の文化や日本語のもつ美しさを味わえるもの。
（道徳，地域の伝統芸能・文化との関連）

・防災の関連指導としての教員の説話。

・東日本大震災の避難所等へ，多くの音楽家が訪問した話。

・東北地方に関係した音楽家や歌および自然美の視聴覚教材を活用しました（**写真16**）。

**写真16**　小中一貫校：中学校音楽教員の小学校での授業

・学級・学校の合唱・合奏を通して，協調性と絆を育成しました。

コ　図画工作科・美術科防災教育関連

・防災ポスターの作成や学級新聞のポスターや壁新聞の制作。

・総合的な時間等と連携し，防災の視点を入れた美術作品の制作。

・防災教育を取り入れた学校行事の地域に配布するお知らせのイラスト制作。

サ　道徳 防災教育関連

・防災の関連指導を行い，各教科等，学校教育活動全体を通して道徳教育を推進してきました。

・防災の視点を入れた道徳教育の小中合同の授業研究の実施や，道徳参観日で保護者・地域に本校の道徳教育を公開してきました。
（地域との連携・協働）

シ　総合的な学習の時間 防災教育関連

・防災の視点をもち，南海地震の地域の体験者の方へのインタビューによる学習過程を探究的に行うことにより，防災のための安全な町づくりとその取り組みにつながっていきました。①課題の設定，②情報の収集，③整理・分析，④まとめ・表現・学習指導要領を通して，指導内容を整理し，各教科等の関連を図り，学校教育活動全体を通じて学習を深めてきました。

（学校・家庭・地域の連携・協働）

ス　特別活動 防災教育関連

・学級活動における安全指導では，「高知県安全教育プログラム」や副読本を小中学校９年間で計画的に活用し学習を深めました。

## 2 エビデンスに基づく編成と評価

### （1）教育全体計画

本校では，Q-U（楽しい学校生活を送るためのアンケート）を年間２回実施しています。小中一貫校の特色を生かして，小中学校の教職員全員が合同で，すべての児童生徒の状況を分析して定期的な協議を行います。そして，児童生徒の心身の発達段階や特性などの実態を適切に把握することにより，課題となる事項を見いだし改善方法を立案し実施してきました。

また，全国学力学習状況調査や高知県学力学習状況調査，各種調査結果やアンケート，Q-U のデータも含め，児童生徒の姿や学校および地域の状況を定期的に把握し，保護者や地域住民の意向等を的確に把握したうえで，学校教育目標などの教育課程を編成してきました（次ページ**資料１・２**）。

児童会・生徒会の子どもたちも参加する「開かれた学校づくり委員会」において，「児童生徒」と「保護者・地域の方々」が相互に意見交換することも実施してきました。また，教育課程の評価や改善は，年度末に行われる学校評価と関連づけて行ってきており，次年度の教育全体計画や校内研修の進め方に反映してきました（次ページ以降**資料３～５**）。

## 資料１

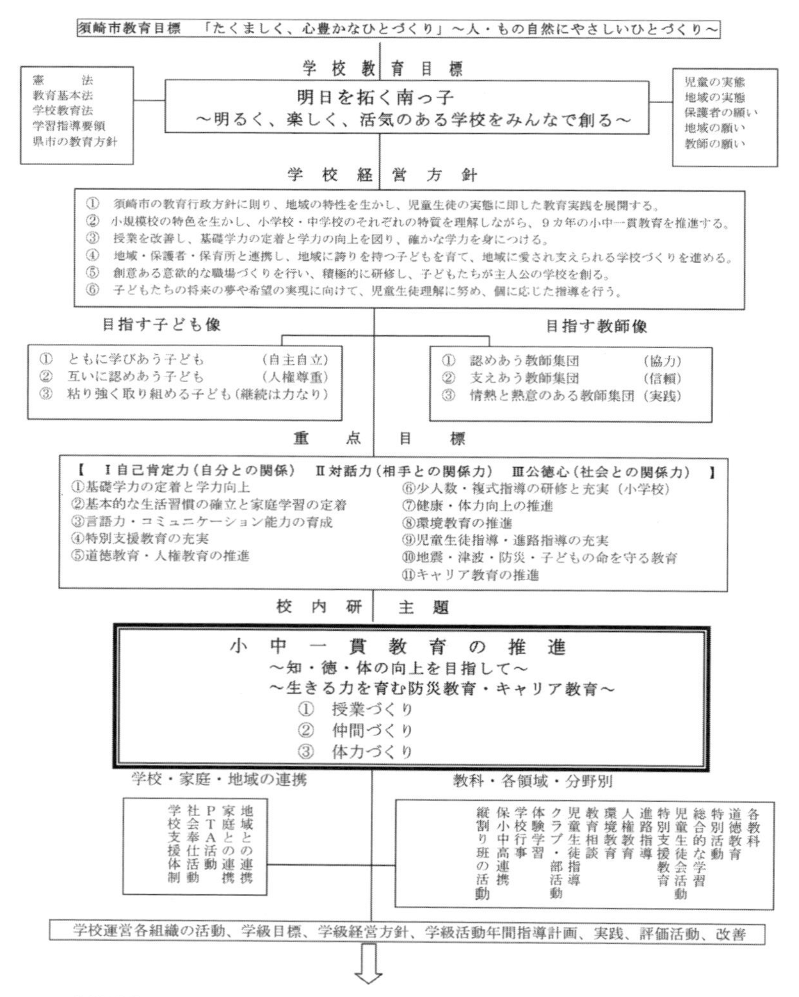
高知県須崎市立南小中学校　教育全体計画（教育ビジョン）
須崎市教育目標　「たくましく、心豊かなひとづくり」～人・もの自然にやさしいひとづくり～
学校教育目標
憲法
教育基本法
学校教育法
学習指導要領
県市の教育方針
明日を拓く南っ子
～明るく、楽しく、活気のある学校をみんなで創る～
児童の実態
地域の実態
保護者の願い
地域の願い
教師の願い
学校経営方針
①　須崎市の教育行政方針に則り、地域の特性を生かし、児童生徒の実態に即した教育実践を展開する。
②　小規模校の特色を生かし、小学校・中学校のそれぞれの特質を理解しながら、９カ年の小中一貫教育を推進する。
③　授業を改善し、基礎学力の定着と学力の向上を図り、確かな学力を身につける。
④　地域・保護者・保育所と連携し、地域に誇りを持つ子どもを育て、地域に愛され支えられる学校づくりを進める。
⑤　創意ある意欲的な職場づくりを行い、積極的に研修し、子どもたちが主人公の学校を創る。
⑥　子どもたちの将来の夢や希望の実現に向けて、児童生徒理解に努め、個に応じた指導を行う。
目指す子ども像
①　ともに学びあう子ども　（自主自立）
②　互いに認めあう子ども　（人権尊重）
③　粘り強く取り組める子ども（継続は力なり）
目指す教師像
①　認めあう教師集団　（協力）
②　支えあう教師集団　（信頼）
③　情熱と熱意のある教師集団（実践）
重点目標
【　Ⅰ自己肯定力（自分との関係）　Ⅱ対話力（相手との関係力）　Ⅲ公徳心（社会との関係力）　】
①基礎学力の定着と学力向上
②基本的な生活習慣の確立と家庭学習の定着
③言語力・コミュニケーション能力の育成
④特別支援教育の充実
⑤道徳教育・人権教育の推進
⑥少人数・複式指導の研修と充実（小学校）
⑦健康・体力向上の推進
⑧環境教育の推進
⑨児童生徒指導・進路指導の充実
⑩地震・津波・防災・子どもの命を守る教育
⑪キャリア教育の推進
校内研主題
小中一貫教育の推進
～知・徳・体の向上を目指して～
～生きる力を育む防災教育・キャリア教育～
①　授業づくり
②　仲間づくり
③　体力づくり
学校・家庭・地域の連携
地域との連携
家庭との連携
PTA活動
社会奉仕活動
学校支援体制
教科・各領域・分野別
各教科
道徳教育
特別活動
総合的な学習
児童生徒会活動
特別支援教育
進路指導
人権教育
環境教育
教育相談
児童生徒指導
クラブ・部活動
体験学習
学校行事
保小中高連携
縦割り班の活動
学校運営各組織の活動、学級目標、学級経営方針、学級活動年間指導計画、実践、評価活動、改善
学校教育活動での計画・実践・評価・改善（PDCA）「学校が組織として機能する」
【　～すべては、未来を担う、南小中の子どもたちのために～　】

## 資料２

### 高知県須崎市立南小中学校防災教育全体計画

**学校教育目標**
明日を拓く南っ子
～明るく楽しく活気のある学校をみんなで創る～

**児童・生徒**
・南海地震を知っている児童は多いが，津波が起こることを知っている児童は少ない。
・学校にいる場合２０ｍの高台への避難訓練で平成 23 年度は全校で 3 分 30 秒。平成 24 年は 3 分、平成 25 年度は 2 分 55 秒で避難できた。あらゆる場合を想定し今後も避難訓練を実施する。

**防災教育の目標**
・災害時に自分で判断し、最善の行動がとれる児童生徒の生きる力を育成する。
・助け合いやボランティア精神など、「自助・共助」の心を育み、人間としての在り方生き方を考える。

**地域**
南海地震を体験した世代は，防災意識と対策への要望は高い。

**家庭**
防災に対する意識はあるが，地域の防災訓練への参加や具体的な取り組みへの積極的な参加に、やや課題がある。

**防災教育におけるめざす児童生徒像**
・災害時に、自分の命は自分で守り、自ら判断し、行動できる児童生徒。
・災害発生時には集団や地域の安全に役立つことができる児童生徒
・防災についての基礎基本的事項を理解できる児童生徒・、

**防災教育推進の視点**

| 【A】防災リテラシーを身につける | 【B】人間としての生き方に迫る | 【C】科学的理解を深める |
| --- | --- | --- |
| ①災害発生時に身を守る方法<br>②災害発生時に自分で考え，適切に判断・行動できる実践力<br>③災害を乗り越えるために他者と助けあう共生力<br>【教科・道徳・特別活動・総合的な学習の時間・学校行事】 | ①生命を尊重する心の育成<br>②他者を思いやる心の育成<br>③ボランティア活動に積極的に参加しようとする心の育成<br>【教科・道徳・特別活動・総合的な学習の時間・学校行事】 | ①自然災害の種類と発生のメカニズムについての理解<br>②地域の災害の歴史と対策についての理解<br>③今後の防災体制の理解<br>【教科・道徳・特別活動・総合的な学習の時間・学校行事】 |

**防　災　教　育　到　達　目　標**

| 小学校低学年 | 小学校中学年 | 小学校高学年 | 中学生 |
| --- | --- | --- | --- |
| ①災害発生時に教員や保護者等近くの大人の指示に従うなど適切な行動ができるようにする。<br>②災害発生時に進んで家の手伝いなどをして、家族の役に立つことができるようにする。<br>③地域の災害に関心をもつようにする。<br>④南海地震等大規模地震への備えが大切であることを知る。<br>⑤生命の大切さを知り、郷土を愛する心を育て生きる力を身につける | ①災害の危険について知り、災害発生時に教員や近くの大人の指示に従うとともに、自らも安全な行動ができるようする。<br>②災害発生時に、家族や友達、みんなと助け合うことができるようにする。<br>③地域の災害の種類が分かりそのための防災体制が組織されていることを理解できるようにする。<br>④南海地震等大規模地震への備えについてのあらましが理解できるようにする。<br>⑤生命の大切さを知り、郷土を愛する心を育て生きる力を身につける。 | ①災害の危険を理解し、災害発生時に安全な行動がとれるようにする。<br>②災害発生時に、家族や友達、周辺の人々と助け合うと共に、ボランティア活動に参加できるようにする。<br>③地域の災害の特性や防災体制の仕組みについてあらましが理解できるようにする。<br>④南海地震等大規模地震への備えについてのあらましが理解できるようにする。<br>⑤生命の大切さを知り、郷土を愛する心を育て生きる力を身につける。 | ①日頃から災害に対する備えを行い自らの安全を確保するための行動ができるようにする。<br>②災害発生時に、自らの安全を守るだけでなくボランティア活動等に、積極的に参加し、地域の人々の安全に役立つことができるようにする。<br>③災害の発生メカニズム、地域の災害の特性や防災体制について理解できるようにする。<br>④南海地震等大規模地震の発生メカニズムや防災対策について理解し、対応できるようにする。 |

**全　教　育　活　動**

各　教　科 ｜ 道　　徳 ｜ 特別活動 ｜ 総合的な学習の時間 ｜ 学校行事

家庭・地域との連携・各種関連機関との連携

## (2) 校内研修の進め方と評価

**資料3　校内研修の進め方**

高知県須崎市立南小中学校
小中共通校内研究主題：「　小中一貫教育の推進　」
～ 知・徳・体の向上をめざして ～
～ 生きる力を育む防災教育，キャリア教育 ～

| ①「授業づくり部会」 | ②「仲間づくり部会」 | ③「体力づくり部会」 |
|---|---|---|
| ・学力の向上<br>・かかわり合って学ぶ力を育てる<br>・言葉の力を育てる（言語活動の充実）<br>・教科による防災教育・キャリア教育の推進<br>・研究授業の推進 | ・心を育て自尊感情を高める<br>・よりよい人間関係を構築する<br>・道徳教育による防災教育・キャリア教育の推進<br>・生徒指導の3つの機能を生かした観点の推進（南小中学校バージョンを作る） | ・体力の向上<br>・基本的生活習慣の確立・自己管理能力を育てる<br>・体力の向上による防災教育・キャリア教育の推進<br>・小中交流の取組み（異学年） |

### ① 主に取り組む内容

**取り組む内容**
（授業の中で取り入れること）
◆言葉の力を育てる
（「話す・聞く」「書く」を中心にした言語活動の充実）
◆防災教育，キャリア教育を推進する
（教科の中の位置づけや指導の意図を明確にする。）

⇒

**授業づくりのねらい**
◇学力の向上
◇かかわり合って学ぶ力を育てる
◇言葉の力を育てる（言語活動の充実）
◇教科による防災教育，キャリア教育の推進
◇南小中学習スタンダードの徹底

⇩

**具体的に取り組むこと**
・複式・少人数指導の研究
（ひとり学び・とも学びのみなみスタイル，グループ学習・ペア学習等，学習形態の工夫）
・学習規律の研究　・授業評価の工夫　・家庭学習の定着
・防災教育，キャリア教育に関する指導方法の開発
・学習規律

各教科
・道徳
・学活
・総合

### ② 具体的な方法

1．合同校内研修計画の作成。
2．各教科，道徳教育，特別活動，総合的な学習の時間等と防災教育に関する関連表の作成。
3．日々の授業実践のねらいと取り組みを明確にする。
4．小中全教職員授業研究の実施。
・研究授業を中心に，一人一人の教師の授業を見る目を高め，指導力の向上をめざす。
・授業を鏡として学校全体の課題や一人一人の課題を確認する。
・小中合同授業研　　年間３回（各部会から１回）
・授業後の成果と課題については授業者がまとめて研究集録に入れる。

## （3）事前研究・事後研究の進め方

**・ワークショップ型の導入**（次ページ以降**資料４・５**）

（「概念化シート」「指導案拡大シート」「マトリクス法」「ＫＪ法」等を活用し協議しました。）

全員が研究授業を実施して授業改善をめざしました。授業研究は，事前研究→授業研究（研究授業の実施100％）→研究協議と流れ，概念化シート，指導案拡大シート，マトリクス法を導入し，ワークショップ型の研究協議を行っています。成果・課題・改善策について話し合い，グループからの報告を受け，多く出された項目のなかから，本授業も通してみえてきた成果と課題を，全員が共有し，日々の授業のなかに生かしました。また，教科の中に防災教育，キャリア教育を位置づけた実践を行い，新しく南小中学習スタンダードを取り入れました。

### ① 事前研究のもち方

1．授業者は，参観する視点について授業の意図が伝わるように説明する。
2．授業者は，検討してほしい課題や助言を求める点を述べる。
3．参加者は，検討課題に対し，授業者の意図に沿って助言を行う。

### ② 事後研究の進め方

☆事後研究の協議の視点　＝　授業を観る視点

本時のねらいが達成されたかどうか児童生徒の学びの姿から話し合っていきます。

・本時のねらいにせまるための指導の手立てや工夫（提案）

・児童生徒の学びの姿

・事前研で検討課題になったことについて

**資料４　校内研修の流れ**

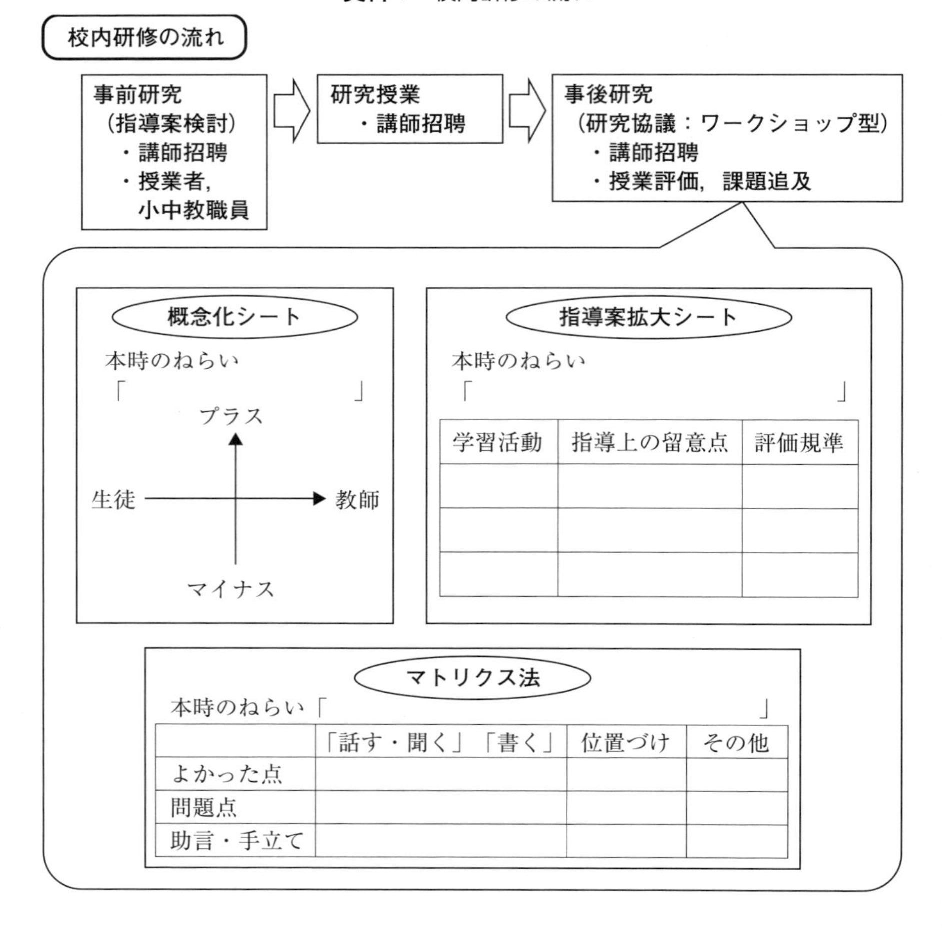

資料5　事前研究・事後研究の進め方

| | 項　　目 | 留　意　点 |
|---|---|---|
| 前 | 〈授業参観〉 | 参観者は児童生徒の学びの姿を記録する。 |
| 導入 | ◇司会者から説明<br>◇授業者からの説明<br>（5分） | ◇司会者：協議の視点（ねらい・手立て），検討会の在り方，時間配分等を確認する。<br>◇授業者：研究テーマ・本時のねらいにせまるための手立て（提案），日ごろの指導上の課題，事前研を受けて改善点等 |
| 展開 | □グループで協議や作業ワークショップ型<br>（30分～50分） | □参観者：児童生徒の学びの記録を通して，意見交換を行う。 |
| まとめ | ○グループから報告<br>○協議<br>○指導助言（10分）<br>○授業者等のまとめ<br>（5分） | ○共通課題や今後の改善点などについて意見交換<br>○授業者等：今後の授業づくりへの思いを語る。（研究主任）成果と課題をまとめ次へつなげる |

本校では，研究発表会へ配布する研究成果以外に，毎年作成される「研究のまとめ」においても，その年度の学校の研究についての記述があり，事前研究や事後研究の進め方やその際の留意点を整理してきました。

その年の研究紀要を読めば，本校の実践のみならず，それをいかに実現してきたのか，具体的には1年間にわたる校内研修をいかなる工夫のもとで運営してきたのかという点でも把握することができます（**写真17・18**）。

**写真17・18**　校内研修の様子

本校の「校内研のまとめ」の特色として，研究のいとなみのサクセスストーリーのみの研究紀要ではなく，試行錯誤を含めて，いかなるプロセスを経て取組が行われてきたのか，その際の細かな工夫点も含めて記録してきました。

また，上記のような事前研および事後研を繰り返すことにより，校内研修のPDCAを図ることができ，外部講師を招聘し，校内研を継続し，校内研修の活性化を図ってきました。

年度の途中でも自分たちの実践を振り返り，形成的な評価の機会を設けることで教職員の意思疎通を図り，学び合う教師集団の育成を行ってきました。

このような工夫の積み重ねにより，校内研修における学び合いが実現し教育実践の改善や教材開発に取り組むことができました。

### （4）「Q-U」の分析と活用

本校では，年間２回のQ-U（よりよい学校生活と友達づくりのためのアンケート）と「学校生活アンケート」を実施し，小中合同で分析・検討会を実施し共通理解を図ってきました。

１回目のQ-Uは，５月に実施し，分析結果を小中合同の職員会で，小中学校の児童生徒一人一人の結果分析の検討会を行ってきました。検討会では，電子黒板にクラス写真を写し，個々の児童生徒の写真の表情を見ながら，学級担任が分析結果を発表しました。

このことにより，小中学校の教職員全員が，本校の個々の児童生徒の状況や課題を共有することができました。また，日々の授業や学校生活の多くの場面に「Q-Uの分析結果」を生かすことで，不登校傾向のある児童生徒に早期対応を行うことができ，不登校の未然防止になり，本校から不登校を出さないという大きな成果につながりました。

**写真19**　SCを講師にした校内研修

また，月２回来校していただくスクールカウンセラー（SC）や市教育委員会のスクールソーシャルワーカー（SSW）との連携は，チーム学校としての重要なポイントとなりました（**写真19**）。そして，夏期休業中にSCを講師に，学校の児童生徒の事例をもとにした研修会を行い，児童生徒の理解を深めることで２学期からの授業改善や具体的な取組の指針となりました。

２回目のQ-Uは10月に実施し，11月に分析のため，小中合同の検討会を実施しました。「学校生活アンケート」は，児童生徒が学級や友達のことをどのように感じているかを知るためのもので，県教育委員会から配布されたアンケートです。これをQ-Uと組み合わせることで，個人やクラスの状態がよりわかりやすく理解を深めることができてきました。Q-Uおよび「学校生活アンケート」は，各学級で実施し，小学校は低・中・高学年の複数の学級担任，中学校は学年団で分析をしてきました。

第１回目の分析・検討会は各学年とも，クラス写真を電子黒板に写し，名前と児童生徒の顔を確認しながら話し合いました。また，「学校生活アンケート」を取り入れたことで，Q-Uと比較しながら児童生徒の共通の課題も見つけることができ，より深く児童生徒理解に迫ることができました。

２回目の検討会では，１回目の分析結果からの変化を確認しながら，意識調査も含めた今までより細かい分析を行い，それをもとに３学期からの取り組みを考えることができました。それぞれの学年の発達段階を踏まえたうえで，具体的な支援方法を研究し，小中学校全教職員で児童生徒とかかわっていくことを再確認できました。

「QU」の分析・検討会に使用する「学級支援シート」を活用しました（次ページ**図４**）。

また，次年度に向けて，年度末にはQ-Uの分析シートをまとめ，小中合同の職員会で確認し，その分析結果を次年度に蓄積し，つなげてきました（**写真20**）。

**写真20**　小中合同での検討会

本校では，「Q-U」の実施による全教職員の共通理解を行うことで，「主体的・対話的で深い学び」の実現に向けた授業改善につながり，不登校やいじめの未然防止に大きな成果をあげることができています。

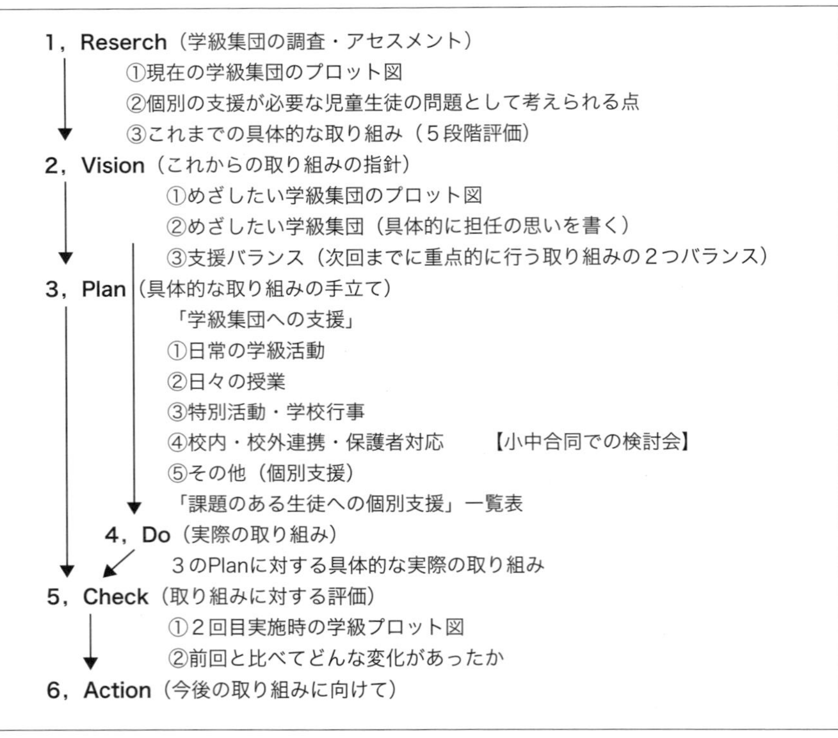


**図４　「学級支援シート」の活用**

## 3 多様な教育資源の活用と改善

教育課程の実施にあたっては，地域の人材や予算・時間・情報といった人的または物的な資源を教育内容と効果的に組み合わせることが重要となります。

本校は，学校支援地域本部により，社会に開かれた教育課程の実践を行い，地域の人材を活用して，小学校低学年での高齢者との昔遊びや地域の人材を講師にした総合的な学習の時間での地域調べや防災学習，地域の大敷き網の漁業体験，家庭科での郷土料理の調理実習など，学校と地域の連携・協働の取り組みにより，地域と共にある学校づくりを推進してきました。

**（1）防災の視点を入れた学校行事による啓発活動**

・運動会や文化祭のテーマを防災教育と関連づけ，運動会には防災種目を取り入れ，文化祭では防災のテーマに沿った内容の創作劇や発表を実施することで，保護者や地域の方々の防災意識の向上を図ることができています（**写真21・22**）。

**写真21**　運動会：防災種目

**写真22**　文化祭：防災劇

**（2）学校通信「南っ子通信」の防災教育記事での啓発活動**

・月に一度，地域の全家庭に配布する学校通信の「南っ子通信」に防災教育にかかわる記事を掲載して配布し，学校から情報発信を積極的に行い，継続的に防災について地域に啓発活動を行うことで，防災意識の向上を図ってきました（**写真23**）。

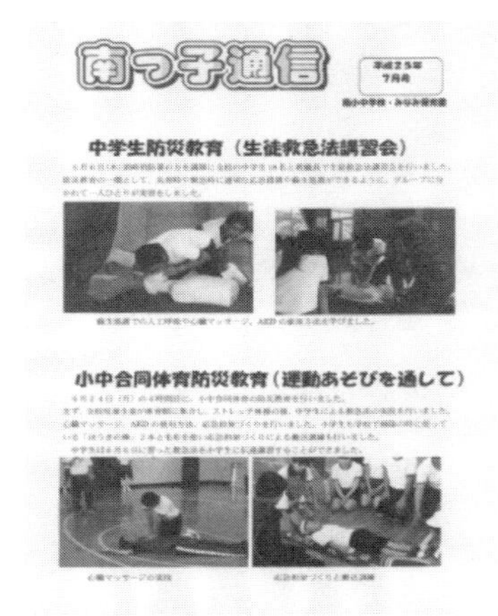

南っ子通信

中学生防災教育（生徒救急法講習会）

小中合同体育防災教育（運動あそびを通して）

**写真23**　「南っ子通信」

**（3）地域の方への聞き取り学習とフィールドワーク**

「総合的な学習の時間」

・教科領域等の体験活動や地域へのフィールドワーク等を行う際，防災の視点を加えて実施することで地域への誇りや自分たちの命を危険から守る態度の育成を図ることができました。

・地域に児童生徒が出向き，地域の高齢者の方から直接，過去の南海地震の実態や地域の様子について聞き取りを行いました。さらに，調べてきたことを自分たちでまとめ，授業で発表し，校内に掲示していくことにより，地域の方々が幾度となく災害から立ち直ってきたことを知りました。児童生徒は，地域の人々への「尊敬や感謝の念」や「郷土愛」を育むことができるようになりました。また，学校の文化祭で自分たちのまとめを発表することで，地域への防災教育の啓発活動も行うことができました（**写真24**）。

**写真24**　地域の南海地震記録碑

### （4）地域の伝承の話（戸島千軒・野見千軒）

「地域に伝わる白鳳の地震の話（西暦684年）」

『白鳳時代の前の古い時代，野見に千軒，戸島に千軒，須崎の近くの大坊に千軒ありました。それらは，たいへん栄えた町でした。その町の人々は，毎日幸せに暮らしていました。しかし，大地震が起きました（それは，白鳳の大地震でした）。栄えていた町と富んでいた人々は，一瞬のうちに海の底に沈みました。その後，海は何もなかったように見えました。今でも，干潮の時に船から海の底を見下ろすと，当時の井戸の跡を見ることができると言われています』（**写真25**）

**写真25**　太平洋に面した地域の野見湾

### （5）地域にある昭和南海地震の震災復旧記念碑

昭和21年12月21日午前４時，突然南海地震が起こり，大津波が襲来。一瞬にして堤防が決壊，地域を大きな海へと変容させ，その後，床上浸水は数か月続き，人々の心は恐怖と惨凄を極めました。その後，総工費1300百万円を費やして，防波堤の復旧工事を完成させました。地域では，当時の状況を復興記念碑とし後世に残しています（次ページ**写真26**）。

「地震の前夜天地は静寂，突堤より十数メートルの間，大きな干潟が出来て，井戸は水が枯れました。地震が終息した後，津波の襲来まで，約15分。地域の人々は貴重品を携え，裏山に避難しました。津波は大小６回襲来，その津波が引こうとする時大きな音がとどろき鳴り響いて地が動き，家屋の倒壊や流失など，その惨状は，何とも表現しようがありませんでした。浸水の最高は，満潮時の海面から，15尺（約4.5メートル）ほどの高さになりました。地域にある高潮の跡（江雲寺と神明神社前の最高潮跡）を今後の参考にしてください。

写真26　地域の復興記念碑

被害は，流失，全壊した家屋が大部分を占め，170戸あまりの中，被害のなかったのは，わずか20戸を残すのみでしたが，幸いにして，人や家畜の被害は全くありませんでした。ちなみに，この地震は，安政元年（1854年）11月４日の大地震より，93年目に起こりました」

**（6）おわりに**

本校の防災教育とキャリア教育の取り組みを検証するなかで，防災教育，キャリア教育の授業改善において，次の４つの視点を通して，検証し，学校教育活動を実践することにより，本校の取り組みが，主体的・対話的で深い学びにつながっていくようになり，PDCA を行い，教育課程を評価，検証し，改善することで児童生徒の「生きる力」を育み，防災教育，キャリア教育の推進を図っていくことができるようになってきました。

①【学習内容】教科で学ぶ内容が実際に活用される場面を伝えること。
②【指導の手法】指導を通して，社会で必要とされる能力を培うこと。
③【学習のルール】時間を守るなど実社会で，求められる態度を身につけさせること。
④【体験活動】上記の①～③で学んだことは社会に出たときに役立つことを，体験活動を通して確認することにより，学習意欲の向上を図ること。

**写真27**　地域の方による昭和南海地震の体験談

また，教職員が，各教科等で防災教育やキャリア教育を行う場合，上記の視点を全員で共有し，研究組織に位置づけ組織的に教材研究を十分行うこと，次に，授業を行う前には，学習指導要領を熟読し，評価規準を明確にした指導案を自らが考え作成すること，そして，授業では，教員自らの言葉で，直接，児童生徒に，各教員がもっている熱い思いを伝えていくことも重要であることが，教育実践を通して実感できました（**写真27**）。

今後は，高知県須崎市立南小中学校で，平成23年度から平成28年度までの６年間に実践してきたことを，新学習指導要領のもとに，次の３つの視点を通して検証，改善し，よりよい学校教育活動を通じて，よりよい社会を創るという目標に向けて，チーム学校として推進していきます。

そして，学校・家庭・地域が連携・協働し，児童生徒が未来の担い手になるための資質・能力を育み，社会に開かれた教育課程のもと，組織的かつ計画的に学校教育活動の質の向上を図っていきたいと考えています。

①　生徒や学校の実態を適切に把握し，教育の目的や目標の実現に必要な教育内容を教科横断的な視点で組み立てること。

②　教育課程の実施状況を評価して，その改善を図っていくため，学習指導要領に基づく研究・実践を行うこと。

③　教育課程の実施に必要な人的または物的な確保をするとともに，その改善を図っていくこと。

■■■ 佐賀県佐賀市立川副中学校

# 3 学校全体で取り組む「主体的な学び」を育成する基盤づくり
## ―生徒指導と学習上の深刻な課題の解決をめざして―

池之上　義宏

## 1 はじめに

本校は，佐賀県佐賀市の有明海沿岸に位置する生徒数304名の学校です。

平成25年４月に着任しましたが，当時の本校は長年にわたり，「学校の荒れ」が断続的に続く深刻な状況でした。学校の課題は「学力向上と生徒指導」でしたが，問題行動対応に追われる日々であったため，職員は苦悩の連続で疲弊しきっていました。

このような状況がこれまでの取り組みで大きく変容し，学校内外が認める健全で意欲的な姿が見られる学校になってきました。

生徒や地域の実態から，次の方針を立てて取り組んできたところです。

①生徒の状況について，現状分析を明確な手法で行う。

②課題解決の手法を明確にし，学校全体で組織的，計画的，継続的に取り組む。

③具体的方策を重点化，共通化し，機能する「カリキュラム・マネジメント」を構築する。

④重点的な方策を分析，検証，改善する実証的な取り組みを策定する。
(マネジメントサイクル：P･D･C･A〈編成・実施・評価・改善〉を機能させる)

本校がどのような取り組みを行い，その結果どのようになっているかについて，重点的な方策を中心にご紹介したいと思います。

## 2 生徒の実態に対応する本校独自の「成長戦略」の策定

本校の課題解決を図るためには，生徒指導やキャリア教育の視点で，生活改善と学習改善を同時に推進する取り組みを「川副中学校の成長戦略」とし，重点的な方策が機能する「カリキュラム・マネジメント」を構築する必要がありました。主な内容は次のとおりです。

| 川副中学校の成長戦略 |
| --- |
| ①客観的で多面的な生徒理解を基盤に，生徒一人一人に効果的な指導や援助を行い，確かな信頼関係づくりを推進する（標準検査の導入）<br>②問題行動等に対する効果的な対応を推進する（信頼関係の樹立）<br>進路相談や生活改善に関する合意形成面談（成長志向のマインドセット）<br>（校長・担任等と当該生徒・保護者による面談）<br>③学習規律の向上を図る（生徒への説明と納得，学習規律の定着）<br>④わかる授業の工夫改善<br>全教科の教師による生徒の学びの状況に関する情報交換の推進<br>⑤「主体的に学習に取り組む態度」の育成<br>（主体的な学びを支える基盤づくり：非認知能力の育成を中心に）<br>テスト学習支援プログラム＋テスト結果個人累積システムの研究実践<br>⑥現在の自己と将来の自己をつなぐキャリア教育の推進<br>全学年系統的な取り組みと職員研修のパッケージ化<br>（キャリア教育支援企業：カンパニュラ社の導入）<br>川副中オリジナルマナー検定の実施（全学年）<br>⑦全校一斉方式のソーシャルスキル教育（平成28年度～年８回実施） |

①で取り組む標準検査を有効活用した「客観的で多面的な生徒理解の推進」を基盤に，⑤で取り組む「主体的に学習に取り組む態度」の育成（主体的な学びを支える基盤づくり：非認知能力の育成を中心に）について，「テスト学習

支援プログラム＋テスト結果個人累積システムの研究実践」を本校の基幹的な取り組みとしてご紹介したいと思います。

## 3 客観的で多面的な生徒理解を深めるための標準検査（アセスメントの推進）

### （1）標準検査を活用した課題の見える化

第一に取り組んだのは，生徒の現状分析や客観的で多面的な生徒理解を深め，問題行動の多発や学力低迷等の根本原因を探るために標準検査を実施することでした。

①知能検査（1年4月）
②NRT：標準学力検査（全学年4月）
③AAI：学習適応性検査（全学年4月）
④hyper-QU：よりよい学校生活と友達づくりのためのアンケート（全学年・6月・11月）

標準検査と教師の観察を合わせながら，生徒一人一人の状況や学級・学年・全校の状況について，客観的で多面的に把握することができました。分析の結果，学ぶ意欲の低迷，学習習慣や学び方の未定着，学年経過とともにアンダー・アチーバーの激増等，学力不振や学習不適応の状況が明確になりました。また，望ましい人間関係の形成や規範意識の醸成等，道徳的実践力の未定着，これらに起因する学級満足群の不振等の実態も確認できました。問題行動等の根本原因は，学習面・生活面における不適応の累積にあることが明確になりました。したがって，本校の最大の課題は「学力向上と学級づくり」であると全職員で共通理解ができました。

客観的で多面的な標準検査を導入したことで，生徒一人一人の内的要因が明確になり，これまでの生徒理解に広がりと深まりがみられました。また，数値化された資料や結果の学級一覧表等を分析することにより，生徒一人一人の目に見える姿の原因や背景までも推察する見取りが深まりました。このように生徒理解が深まったことで，生徒一人一人に対してより的確で多様な対応ができるようになってきました。いわゆる「ガイダンスと個に応じたカウンセリング」が機能するようになったといえるでしょう。

その結果，教師と生徒間のトラブルは姿を消し，徐々に信頼関係の構築へと変わっていきました。以後，標準検査を，客観的で多面的な生徒理解や，日々の指導，支援を補完する有効な資料として位置づけ，継続的に活用することとしました。

### （2）客観的で多面的な生徒理解を支える標準検査の活用方針

知能テスト，NRT：標準学力検査，AAI：学習適応性検査の結果を分析し，生徒一人一人の内的要因等に関する客観的で多面的な理解生徒を深めることで，個に応じた効果的な学習指導ができると考えました。さらに，学習指導と生徒の状況（結果）について評価，検証し，エビデンス（科学的根拠）を伴った改善を行うことで，「指導と評価の一体化」を推進し，教育活動の質的向上をめざしました。新学習指導要領が求めている「個に応じた指導の充実」について，本校の取り組みを通して明らかにしていきたいと考えました。

### （3）生徒一人一人の認知能力に関する分析と活用

学習状況を把握する有効な視点として，知能テストとNRT：標準学力検査の結果を関係づけたバッテリー資料である「知能・学力相関座標」があります（**図１**）。

この座標は，縦軸に学力，横軸に知能をとり，知的能力と学習状況（学習の結果）の相関について，オーバー・アチーバー（知能に比べ学力が高い状態），バランスド・アチーバー（知能と学力のバランスがとれている状態），アンダー・アチーバー（知能に見合う学力が発揮できていない状態）をプロット表示しています。

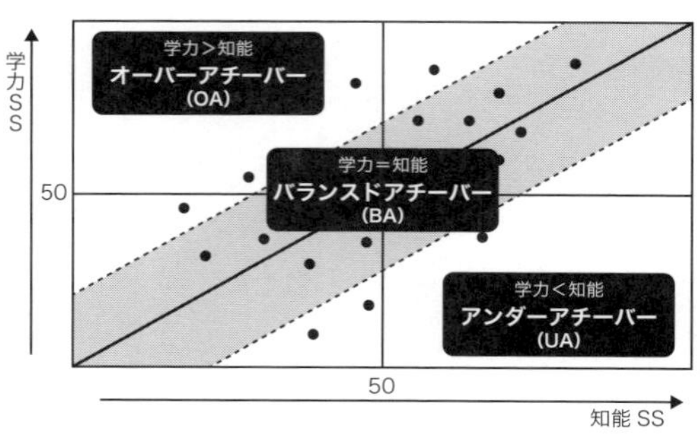


**図１**　知能・学力相関座標

ここで重視したいのが，学習状況（学習の結果）が知能に対してアンダー傾向の生徒です。その原因を探り解決することで，適正な能力を発揮することができるようになり，飛躍的に結果を向上させることができると考えます。

バッテリー資料から確認できることは多様です。例えば，知能・学力ともに相関座標において低位にある生徒は，理解に時間を要し既習内容が定着していません。学習意欲の低さ，学習習慣の未定着，学習方法の不理解等，その課題は深刻です。知能レベルは中位でも，強いアンダー・アチーバー傾向の生徒は，学習不適応状態であると推察されます。

生徒個々の内的要因を的確に捉え，当該生徒の状況に見合った具体的な指導，支援を継続的に行うことが重要です。教師の観察だけで生徒の心理面や内的要因・環境要因等について把握することは難しいと思います。しかし，標準化された検査結果を客観的で多面的な生徒理解に生かし，日々の指導，支援を補完する有効な教育資料とすることは可能です。継続的に活用することで，教育の質や成果の向上につなげる教育的意義は大きいと考えています。

**（4）対応の視点**

**① 知能偏差値（SS），学力偏差値（SS）ともに低い生徒への対応**

このような状況にある生徒を支援する場合，知能偏差値と学力偏差値がどれくらい低い状況なのかを確認しました。知能偏差値39以下（特に34以下）で学力も低迷している生徒には一般的な指導では不十分ですので，個別の指導，援助が必要なレベルだと認識し，個に応じた具体的な対応を検討しました。

認知能力（理解力・思考力等），非認知能力（意欲・続ける力等），学び方の基本的スキル，人的環境要因（家庭風土や友人関係等），物的環境要因（学習部屋や学習用具の取り扱い等）のどこに課題があるか確認しますが，その全部に大きな課題が存在するケースがありました。したがって，後述する学習への適応状況（AAI：学習適応性検査）も有効な参考資料として活用しています。

本校では，校長面談として当該生徒と保護者，校長や担任等が中３の進路実現を想定した進路指導の一環として面談を行っています。生活面や学習面の目標や改善策等について合意の形成を図り，当該生徒の状況に応じた個別対策を継続して支援していく体制をつくります。困難な課題を抱える生徒には，面談で合意形成した内容（達成できそうな目標，継続して取り組めそうな対策）を基盤として，進路選択まで定期的な面談を行っています。

面談のポイントは，小さい努力を継続することや，理解できるようになるまでやり抜くこと等の取り組みを継続的に援助し，成功感や達成感を味わわせ，意欲や自己肯定感の醸成をめざします。「やればできる」を認知させ，自分に合った学び方を獲得させるまでには相当な時間を要しますが，３年の進路実現まで長期的なスパンで指導，援助を継続しています（校長面談は随時開催。年間約100回）。

**●中３Ａ男の事例**

Ａ男は，長年の困り感や閉塞感で問題行動傾向にあり，保護者も大きな不安と困惑を抱えていました。Ａ男には５月に問題行動に関する校長面談を行いました（Ａ男，両親，校長，教頭，担任，学年主任，生徒指導主事）。

説諭指導後のＡ男との質問応答は次のとおりです。

・校長「Ａ君は，今，困っていることはありませんか。」
・Ａ男「特に何もありません。」
・校長「学習面で困っていることはありますか。」
・Ａ男「いえ，何も困っていません。」
・校長「そうですか。担任の先生に聞いてみましょう。」
・担任「Ａ君は，授業中教科書やノートを使用しないことがよくあります。
「学習意欲がもてず，２学年末通知表も１と２でした。」
・校長「Ａ君は，成績のことや勉強がわからないことで，先生や親にいろいろ言われるのが嫌で，これが困っていることになっているのかな。」
・Ａ男「はい，そうです。」
・校長「Ａ君は，宿題や提出物を出すように先生や親に怒られてきましたね。」
「成績がよくない。勉強しなさいと怒られてきましたね。」

「学習面で褒められたことはほとんどありませんでしたね。」
「だから，授業や勉強のことでイライラする毎日でしたね。」
「怒られる日々はとっても困ったことだと思いますが，どうですか。」
・A男「はい，毎日が嫌でした。イライラしていました。」
・校長「どうしたらいいかわからない，困っている，誰か教えてほしいなど，恥ずかしくて言えなかったね。」
「A君のプライドが許さなかったよね。」

A男は，保護者の横で終始うつむきながら失望感に包まれたようにうなずきました。

・校長「A君，勉強がわからない，困っていると，よく言ってくれました。」
「進路希望はA高校だと聞いています。」
「今からがスタートです。A君のために，勉強の仕方や約束事を決める作戦会議をやって，受検合格めざしてがんばってみよう。」
「無理なことは言いません。今，A君にできること，やってほしいことなどについて，担任の先生と話し合い，合意したことを少しずつやってみましょう。先生みんなでA君をサポートしていきますよ。」
「実は，A君の仲良し友達にも同じような話をしているところです。」
「友達もやってみると言ってくれました。A君もやってみようよ。」

このように面談を通して合意形成，目標や計画づくり，日々の振り返り表の取り組み等についてスタートしました。途中は意欲が落ちたり指導を要したりしましたが，保護者の継続した協力もありA男は何とかがんばり続けました。

徐々に授業中の態度や宿題提出の状況が改善され，学年成績も少しずつ向上しました。３年11月からは自主的に週１回の家庭教師に付きました。１月からは家庭教師週３回のペースで家庭学習に取り組み，みごと自力で高校受検合格を勝ち取ることができました。いつの間にか問題行動はなくなっていました。

**②　知能偏差値（SS）は高く，学力偏差値（SS）は低い生徒への対応**

もったいないケースだといえます。知的能力を学力に反映できていない場合，意欲やがんばり続ける力，振り返る力等の非認知能力の低迷がその原因であることが多いようです。明確な目標がもてない，やる気が出ない，根気強く取り組むことが苦手という生徒が当てはまります。

成績（認知能力）を向上させる取り組みとして，当面の目標や具体的な計画等について準備させ，自分に合ったやり方が獲得できるように，修正，改善を繰り返し根気強く指導，援助しています。やはり，一定の手応えを感じるまでには相当な時間がかかりますので，担任や関係職員は保護者との連携を深め長期的なスパンで取り組んでいます。

**③　知能偏差値（SS）は低く，学力偏差値（SS）は高い生徒への対応**

これは，オーバー・アチーバーの状態を意味します。本校では２つの様相がみられます。

１つは，知能偏差値（SS）は中位以上で学力偏差値（SS）は高いケースです。テスト結果の上位者や成績優秀者はこのパターンが主流です。このような生徒の特長は，明確な目的をもち，学び方や継続する力，振り返る力等の非認知能力が高いことで，部活動にも積極的に参加し成果を上げています。

もう１つは，知能偏差値（SS）は低く，学力偏差値（SS）は高いケースです。その特長は，控えめな性格ですが学習や部活動等に根気強く取り組み最後までやり抜く力が認められることです。本校にもこのようにがんばる生徒が一定数存在しています。

どちらのケースも毎日の努力の積み重ねを大切にしている生徒たちですが，「毎日一定時間がんばる」ことや「目標めざして計画的にがんばる」ことに自己葛藤の連続があり，ストレスが溜まると言っています。よくがんばる状況に対する適切な評価や賞賛，継続の励ましも必要不可欠であると感じました。

このように知能と学力の相関から多面的，客観的に分析し，生徒一人一人の状況にマッチングした指導，援助に努めることで，生徒の学力向上に寄与するだけでなく，進路選択や自己実現にも大きく影響していると感じています。

**④　要支援生徒リストの作成と活用**

４つの標準検査（知能検査，NRT：標準学力検査，AAI：学習適応性検査，hyper-QU）の主な内容項目についてピックアップし，低迷している生徒の状況をリストアップします。さらに，複数の教師観察の内容を書き込みます。学年職員全員で学年に在籍する生徒を対象に共同で作業します。この作業を通して客観的で多面的な生徒理解が深まると同時に，具体的な配慮事項，指導や支援事項等についての共通理解が深まります（**資料１**）。

**資料１　要支援生徒リスト（サンプル）**

●年生

| | 氏名 | 知能検査 | NRI | AAI・所属群 | | | | | Q-U・所属群 | | | | | 支援の視点 | 個別の支援策 | 学習適応性検査・学習の要因（５段階評定） | | | | | | | | | | | 原因帰属 | | | |
|---|---|---|---|---|---|---|---|---|---|---|---|---|---|---|---|---|---|---|---|---|---|---|---|---|---|---|---|---|---|---|
| | | | | | | | | | | | | | | | | 1 | 2 | 3 | 4 | 5 | 6 | 7 | 8 | 9 | 10 | 11 | 失敗の原因認識 | | | |
| | | 偏差値 | 学力偏差値 | AAI偏差値 | バランス | 学力向上 | 学習適応性 | 個別支援 | 満足群 | 非承認群 | 侵害行為認知群 | 不満足群 | 要支援群 | | | 学習の意欲 | 計画性 | 授業の受け方 | 本の読み方・ノートの取り方 | 覚え方・考え方 | テストの受け方 | 学校の学習環境 | 家庭の学習環境 | 自己効力感（がんばる力） | 自己統制（つづける力） | メタ認知（ふりかえる力） | 能力 | 努力 | 課題の難易 | 運 |
| 1 | | 34 | 36 | 46 | | ○ | | | | ○ | | | | 全て | 苦手教科の個別指導 | 2 | 2 | 3 | 2 | 3 | 3 | 3 | 2 | 3 | 2 | 3 | | ○ | | |
| 2 | | 33 | 30 | 26 | | | | ○ | | | | | ○ | 全て | 学び方の指導 | 1 | 1 | 1 | 1 | 2 | 2 | 1 | 2 | 1 | 3 | 1 | ○ | | | |
| 3 | | 54 | 32 | 59 | | ○ | | | ○ | | | | | NRT | 苦手教科の個別指導 | 4 | 5 | 5 | 4 | 4 | 3 | 4 | 1 | 4 | 3 | 4 | | ○ | | |
| 4 | | 42 | 32 | 22 | | | | ○ | | ○ | | | | AAI＋NRT | 苦手教科の個別指導 | 1 | 1 | 1 | 1 | 1 | 1 | 1 | 3 | 1 | 2 | 1 | | | ○ | |
| 5 | | 35 | 32 | 48 | | ○ | | | | | | | ○ | 知＋NRT | 苦手教科の個別指導 | 4 | 4 | 3 | 3 | 3 | 3 | 3 | 2 | 2 | 1 | 3 | | ○ | | |

あまり多くのことを書き込むのではなく，象徴的な内容や共通理解が必要な内容に絞り込みます。重要なことは，生徒一人一人の特徴や特性について学年職員全員の生徒理解を深めることです。さらに，各学年のリストを一覧表にまとめ，全職員が活用できるようデータベース化します。いつでも誰でもデータを閲覧したり，プリントアウトして手元に置き，随時活用できるようにしたりすることで，全学年の要支援生徒の状況を確認することができ，全職員が教科指導や部活動指導に活用しています。

本校では，８月の生徒指導協議会で要支援生徒リストを用い，生徒理解と主な対応について共通理解を図っています。本校が要支援生徒リストにピックアップしている標準検査の項目は，知能偏差値，学力偏差値，学習適応性検査の所属群，hyper-QU の所属群，学力11要因の状況，原因帰属の状況（学習適応性検査から）です。これに加えて支援の視点，個別の支援策を教師が記入します。

### （5）活用例

学習状況に関する項目で要支援レベルの高い状況は，知能偏差値・学力偏差値・AAI 偏差値の項目が34以下，AAI 個別支援群に該当する場合（前ページ**資料１**の２番の生徒など）は，たいへん深刻な状況であると判断しています。個別の支援計画を必要とします。さらに，AAI 学習要因11項目で５段階評定の１および２には，どの項目を中心に指導，援助するか優先順位を検討します。最後に原因帰属の「能力がないから」と回答した生徒を個別にピックアップします。

「自分には能力がない」と思っている生徒には，自己肯定感や成功感，達成感を引き出す指導，援助を組織的，継続的に行っています。これまでの経験から，原因帰属が「能力がないから」と回答した生徒の保護者には，医師や教職員など倫理観や使命感の強い職業に就く方が多く，子どもへの要求水準も高い傾向がみられました。このような場合には，校長面談にて，保護者に「子どもの努力に応じて適切な評価や賞賛，励ましを与える必要性や効果」についてお話しさせていただきました。ご理解いただいた直後から生徒の変容がみられたケースも少なくありませんでした。

AAI 学習適応性検査は，「具体的な学習状況」や「学習の悩み」についても質問しています。生徒一人一人の学習適応状況や悩みを理解し，教育相談や学習相談，日常的な指導，援助に活用する意義は大きいと感じています。例えば，「授業がわからない」，「勉強の仕方がわからない」，「毎日が楽しくない」と回答している状況の生徒に対して，教師の情熱的な思いだけでがんばれと指導しても改善，成長は期待できないと思います。

**●中３Ｂ子の事例**

Ｂ子は，中１のころ，知能偏差値・学力偏差値・AAI 偏差値が極めて低く，原因帰属も「能力がないから」と回答していました。中１の夏，両親の離婚，非行，家出，不登校を繰り返し，２年の12月に学校に戻ってきましたが，授業がわからないためイライラする日々を送っていました。担任の熱意あるかかわりや校長面談を重ね，３年生の４月から安定した学校生活を送るようになりました。それは，Ｂ子には明確な目標が芽生えたからでした。

家庭の問題から幼い妹たちが施設に入所していました。Ｂ子は，両親に施設にいる妹たちを引き取り養育してほしいと懇願していましたが聞き入れてもらえませんでした。

Ｂ子は一念発起して猛勉強に取り組み始めました。１年でも早く目標としている仕事につき，自立して妹たちを引き取り，一緒に生活しながら自分が養育すると決めたのでした。時々授業中に「この問題がわからない」と絶叫する場面がありましたが，Ｂ子の取り組みは続きました。Ｂ子は，独自に効果的な勉強方法を調べ，本校の取り組みの有効性に気づいたり，自分の気質や特性に合わせた勉強方法を実践したり，成績優秀な生徒に積極的に教えてもらったりするなど，努力の質的向上がみられるようになりました。

11月の定期テストでは，１年次70番以上も学年順位を向上させました。１月ごろには，生徒会長や部活動の主将クラスの友人の中に位置し，笑顔と引き締まった表情の凛とした姿がありました。１月26日の校長面談では，これまでのことを振り返り号泣しながら，今後の目標と見通しについて話してくれました。私は，Ｂ子の姿を通して「目標達成の動機づけで最も強く影響するのは，自分のためではなく，他人のために貢献したいという強い動機・目標意識」であるように感じました。その後，県立高校に合格し，進学クラスの成績上位者としてがんばっています。

Ｂ子の事例から，生徒の学習面での成長は進路目標や進路実現意欲と深い関係があること，知能偏差値・学力偏差値の認知能力や学習適応性（AAI）偏差値等が極めて低い困難な状況であっても，強い意欲や目標達成動機，計画性や学習方法の工夫，改善，人間関係力など，非認知能力の向上や主体変容が，達成や成功に導く重要な要因であることを深く認識させられました。

## 4 学校全体で取り組む「主体的に学習に取り組む態度」の育成

第二に取り組んだのは，生徒一人一人の客観的で多面的な生徒理解を基盤に，一人一人の状況や学級・学年の実態にマッチングした指導のあり方を工夫し，組織的，継続的で共通理解を図った指導，対応を構築していくことです。学習不適応や問題行動傾向にある生徒は，「授業はわからない」「楽しくないからやらない」「勉強の仕方がわからない」「考えることが苦手」等の不満を訴え，周辺の生徒の同調行動も加わることで，同じ症状を訴える生徒が増加するという状態でした。このような課題を解決するために，すべての生徒が，学習における自己効力感や達成感，成功感を味わうことをめざした取り組みが必要不可欠だと全職員が痛感していました。

### （1）学校全体で取り組む「テスト学習支援プログラム」

#### ①　「テスト学習支援プログラム」の位置づけ

本校で学校改善の基幹的な取り組みとなった，「主体的な学び」を育成する基盤づくりについて紹介します。学力向上の成立要件として，教師の授業力（授業改善）と，学習者の学習方略（主体的に学ぶ力）の指導が必要と言われています。本校はその両面からアプローチするものでありますが，特に後者の「学習者の学習方略（主体的に学ぶ力の指導」について重点的に研究実践するものです。言い換えれば，認知能力の向上のために効果的な非認知能力を明らかにして重点的に取り組む研究実践です。これを本校の基幹的な取り組みと位置づけ，生徒指導やキャリア教育と関連づけることで，総合的に生徒の自己実現する力の育成をめざしています。

#### ②　本校独自の「テスト学習支援プログラム」

全学年の取り組みと指導資料の共通化，システム化を図り，指導の重点を明確にすることで，生徒の「主体的に学習に取り組む態度」の充実を目的に開発した取り組みです。主な内容は次のとおりです。

○テスト学習の取り組みを充実させ，学習習慣の基盤を形成し，授業改善と併せて学力の向上を図る。

○生徒一人一人の状況やアセスメント結果を把握し，個に応じた指導の充実を図ることで，主体的な学習習慣や態度を育成し学力の向上を図る。

○主体的な学びを支える資質・能力の内容（内的要因）として，次の８項目を『８つの力』と定義し重点的に取り組む。

※学習適応性検査（AAI）の学習適応性を図る尺度（学習の要因11項目）から８項目を抽出し定義づけました。

| | |
|---|---|
| ・学習意欲　・計画性 | ・授業の受け方　・覚え方・考え方 |
| ・テストの受け方 | ・自己効力感（がんばる力） |
| ・自己統制（やり抜く力） | ・メタ認知（振り返る力） |

○目標設定，計画立案から学習の振り返りまでを計画的，継続的に指導する。

○自己の成長を確認させながら達成感や充実感を実感させ，自己効力感や自己統制，メタ認知等を強化し，主体的な自己改善に向けた力の育成を図る。

○「P：目標設定，計画立案 → D：テスト学習 → C：テスト結果とテスト学習の振り返り → A：改善策の検討」のサイクルで取り組ませることで，学習状況を自己管理するセルフマネジメント力を育成する。

○テスト結果個人累積システムを導入し，定期テストの結果と自己評価の経過を確認させることにより，自己理解・自己評価・自己改善等に関する理解を深めさせ，セルフマネジメント力育成の強化を図る。

○定期テストの取り組み（年４回）を全学年共通で実践する。３年間継続して取り組むことで，「主体的に学習に取り組む態度」を育成し学力の向上を図る。

○テスト結果とテスト学習の関係，テスト学習と授業の関係，授業と家庭学習（予習・復習）の関係について日常的な重点指導事項として取り組み，「主体的に学習に取り組む態度」を育成する基盤づくりをめざす。

| 定期テスト実施計画と指導の流れ |
| --- |
| ①各教科担当者は，テスト範囲確定後ナビゲーションに必要事項を記入する。テスト初日から起算して20日前までにナビゲーションシートを完成する（次ページ**資料２**）。<br>②各教科担当は，14日前の一定の期間に，ナビゲーションシートを活用し，テストの概要についてテストガイダンスを実施する。（教科の時間等）<br>③担任は，12日前の学級活動の時間に，ナビゲーションシートを活用させテスト学習マイプランを作成させる（次ページ以降**資料３－１・２**）。<br>担任は，共通の指導資料（８つの力）を活用し，主体的に学習に取り組む要点について生徒の意欲を喚起し意識化を深める（次ページ以降**資料４－１・２**）。<br>共通のマイプランシートの記入指導や有効な活用方法等について指導する。<br>④担任は，テスト結果配布後，テスト学習マイプラン自己評価（生徒に対する振り返りのアンケート調査）を実施する。この場合も共通の指導資料（８つの力）（次ページ以降**資料５**）を有効に活用する。 |

本校の「テスト学習支援プログラム」に係る指導の要点は次のとおりです。

○生徒個々の現在もっている特性（認知能力・学習適応性・学び方の良し悪し等）を踏まえた指導と，生徒の変容を連続的に捉え指導の継続化を図る。

○身につけさせたい「８つの力」の状況に応じた指導，援助に留意する。

○生徒の「主体変容」を意識した助言や学習相談（カウンセリング）。

**【「テスト学習マイプラン」に関しての個々の生徒への対応】**

①「テスト学習マイプラン」（次ページ以降**資料３－１・２**）における「１　目的・目標」や「２　自己分析」については，生徒のイメージを豊かにするために各項目別スライド資料を活用しています。イメージがもてず記入事項が少ない場合はそこまででよしとします。

## 資料2　ナビゲーションシート（サンプル）

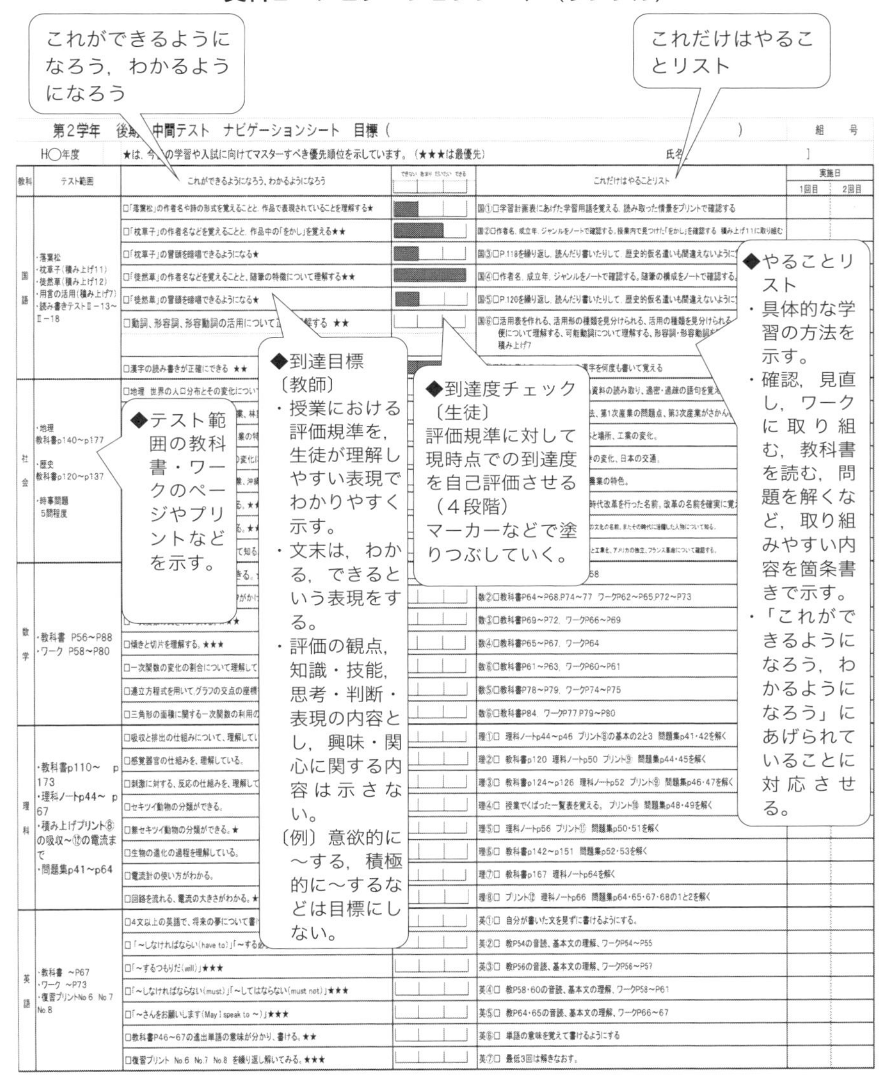


第2学年　後期　中間テスト　ナビゲーションシート　目標（　　　　　　　　）　組　号

H○年度　★は，今回の学習や入試に向けてマスターすべき優先順位を示しています。（★★★は最優先）　氏名〔　　　　〕

| 教科 | テスト範囲 | これができるようになろう，わかるようになろう | できない　あまり　だいたい　できる | これだけはやることリスト | 実施日 1回目 | 実施日 2回目 |
|---|---|---|---|---|---|---|
| 国語 | ・落葉松<br>・枕草子（積み上げ11）<br>・徒然草（積み上げ12）<br>・用言の活用（積み上げ7）<br>・読み書きテストⅡ－13～Ⅱ－18 | □「落葉松」の作者名や詩の形式を覚えることと，作品で表現されていることを理解する★ | | 国①□学習計画表にあげた学習用語を覚える，読み取った情報をプリントで確認する | | |
| | | □「枕草子」の作者名などを覚えることと，作品中の「をかし」を覚える★★ | | 国②□作者名，成立年，ジャンルをノートで確認する。授業内で見つけた「をかし」を確認する　積み上げ11に取り組む | | |
| | | □「枕草子」の冒頭を暗唱できるようになる★ | | 国③□P.118を繰り返し，読んだり書いたりして，歴史的仮名遣いも間違えないように | | |
| | | □「徒然草」の作者名などを覚えることと，随筆の特徴について理解する★★ | | 国④□作者名，成立年，ジャンルをノートで確認する。随筆の構成をノートで確認する。 | | |
| | | □「徒然草」の冒頭を暗唱できるようになる★ | | 国⑤□P.120を繰り返し，読んだり書いたりして，歴史的仮名遣いも間違えないように | | |
| | | □動詞、形容詞、形容動詞の活用について　解する　★★ | | 国⑥□活用表を作れる、活用形の種類を見分けられる、活用の種類を見分けられる<br>便について理解する、可能動詞について理解する、形容詞・形容動詞を<br>積み上げ7 | | |
| | | □漢字の読み書きが正確にできる　★★ | | 漢字を何度も書いて覚える | | |
| 社会 | ・地理<br>教科書p140～p177<br>・歴史<br>教科書p120～p137<br>・時事問題<br>5問程度 | □地理　世界の人口分布とその変化につい | | 資料の読み取り、過密・過疎の語句を覚え | | |
| | | 業、林 | | 法、第1次産業の問題点、第3次産業がさかん | | |
| | | 業の特 | | と場所、工業の変化。 | | |
| | | の変化 | | の変化、日本の交通。 | | |
| | | 業、沖縄 | | 農業の特色。 | | |
| | | る。★★ | | 時代改革を行った名前。改革の名前を確実に覚え | | |
| | | る。★★ | | の文化の名前。またその時代に活躍した人物について知る。 | | |
| | | て知る。 | | と工業を、アメリカの独立、フランス革命について確認する。 | | |
| 数学 | ・教科書　P56～P88<br>・ワーク　P58～P80 | きる。 | | 58 | | |
| | | がかけ | | 数②□教科書P64～P68.P74～77　ワークP62～P65.P72～P73 | | |
| | | ★★ | | 数③□教科書P69～P72，ワークP66～P69 | | |
| | | □傾きと切片を理解する。★★★ | | 数④□教科書P65～P67，ワークP64 | | |
| | | □一次関数の変化の割合について理解して | | 数⑥□教科書P61～P63，ワークP60～P61 | | |
| | | □連立方程式を用いて，グラフの交点の座標 | | 数⑤□教科書P78～P79，ワークP74～P75 | | |
| | | □三角形の面積に関する一次関数の利用の | | 数⑥□教科書P84，ワークP77.P79～P80 | | |
| 理科 | ・教科書p110～　p173<br>・理科ノートp44～　p67<br>・積み上げプリント⑧の吸収～⑫の電流まで<br>・問題集p41～p64 | □吸収と排出の仕組みについて、理解してい | | 理①□　理科ノートp44～p46　プリント⑧の基本の2と3　問題集p41・42を解く | | |
| | | □感覚器官の仕組みを、理解している。 | | 理②□　教科書p120　理科ノートp50　プリント⑨　問題集p44・45を解く | | |
| | | □刺激に対する、反応の仕組みを、理解して | | 理③□　教科書p124～p126　理科ノートp52　プリント⑨　問題集p46・47を解く | | |
| | | □セキツイ動物の分類ができる。 | | 理④□　授業でくばった一覧表を覚える。　プリント⑩　問題集p48・49を解く | | |
| | | □無セキツイ動物の分類ができる。★ | | 理⑤□　理科ノートp56　プリント⑪　問題集p50・51を解く | | |
| | | □生物の進化の過程を理解している。 | | 理⑥□　教科書p142～p151　問題集p52・53を解く | | |
| | | □電流計の使い方がわかる。 | | 理⑦□　教科書p167　理科ノートp64を解く | | |
| | | □回路を流れる、電流の大きさがわかる。★ | | 理⑧□　プリント⑫　理科ノートp66　問題集p64・65・67・68の1と2を解く | | |
| 英語 | ・教科書　～P67<br>・ワーク　～P73<br>・復習プリントNo.6　No.7　No.8 | □4文以上の英語で、将来の夢について書け | | 英①□　自分が書いた文を見ずに書けるようにする。 | | |
| | | □「～しなければならない（have to）」「～する必 | | 英②□　教P54の音読、基本文の理解、ワークP54～P55 | | |
| | | □「～するつもりだ（will）」★★★ | | 英③□　教P56の音読、基本文の理解、ワークP56～P57 | | |
| | | □「～しなければならない（must）」「～してはならない（must not）」★★★ | | 英④□　教P58・60の音読、基本文の理解、ワークP58～P61 | | |
| | | □「～さんをお願いします（May I speak to ～）」★★★ | | 英⑤□　教P64・65の音読、基本文の理解、ワークP66～67 | | |
| | | □教科書P46～67の進出単語の意味が分かり、書ける。★★ | | 英⑥□　単語の意味を覚えて書けるようにする | | |
| | | □復習プリント　No.6　No.7　No.8　を繰り返し解いてみる。★★★ | | 英⑦□　最低3回は解きなおす。 | | |

## 資料3-1　テスト学習マイプラン（サンプル）

テスト学習マイプラン　【　学年末　】テスト　○○年　マイプランシート

作成日［2月2日］

川副中学校　1　年　組　番　氏名

### 1　目的・目標　≪未来を考える4つの観点≫

チーム力（学級力）

- 友達から勉強を教えてほしいと言ってくれます。
- お母さんが、剣道用品を買ってくれます。
- 高校から推せん[illegible]
- 家族がほめてくれます
- 皆から学習の仕方を真似してもらえます
- 先生達から高評価をもらえます。

数字や形に表れるもの

テスト学習のゴール

- 私は、学年順位5位をとります。
- 私は、国語、美術で学年順位2位をとります。
- 私は クラスの総合得点の平均点を[illegible]うにします。
- [illegible]受験した学校す べてに受かります。
- 私は9教科の平均点も92点にします。

周りの人、社会 ―――― 私

感謝の気持ち

- 周りの人の笑顔が増えます。
- 家族から自慢だと言ってもらえます
- 先生たちから期待されます。
- 上位の成績の人達にも劣らない学力と自信を身につけることができます
- 先生が成績表を渡すとき、評価が良くなります。

気持ち、心

学ぶ力、人間力

- 私は、周りの人に期待してもらえるようになります。
- 私は、自分に自信がつき、向上心が上がります。
- 私は、親に喜んでもらえます。
- 私は、比べられても大丈夫になります。
- 私は、これからの学習内容が充実します。

1　目的・目標

### 2　自己分析　心（メンタル），技（すきる），体（健康），生活など

成功・強みの分析（できていること，うまくいったこと）

- 自学の内容で一目見るだけで、どのようになったか分かるようにまとめられている。
- 学力20番以内キープ
- やるときと[illegible]を上手く切り替えることができる。
- 問題を解き終わったら、丸つけ、やり直し、解説がきちんとかけている。

失敗・弱みの分析（できていないこと，失敗したこと）

- 教科書等の学習用具の準備
- 寝る時間が遅い
- 問題は間違えがなくなるまでくり返し解けていない。
- テスト後の見直し。
- 必要な物の買い出しができていない。
- 暗記ものができていない。

2　自己分析

### 3　やり抜くルーティン　≪目的・目標を達成するために≫

【やり抜く】　私は、自分が一番であるという意識を持ち、諦めません。

| ルーティン【やり抜く】ために必ず実行する事 | | ルーティーン・チェック（マイプラン作成日から）4 | 5 | 6 | 7 | 8 | 9 | 10 | 11 | 12 | 13 | 14 | 15 |
|---|---|---|---|---|---|---|---|---|---|---|---|---|---|
| ① | 部屋を自[illegible] | ○ | ○ | ○ | ○ | ○ | ○ | | | | | | |
| ② | 目標を机の前に貼る。 | × | ○ | ○ | ○ | ○ | ○ | | | | | | |
| ③ | テストの日まで自学ノートを一冊終わらせる。 | × | ○ | × | × | × | × | | | | | | |
| ④ | 自学1ページ目まとめ、2ページ目 問題 | × | × | × | × | × | ○ | | | | | | |
| ⑤ | 得意な教科と苦手な教科を1:2で学習する | ○ | ○ | ○ | ○ | ○ | × | | | | | | |

3　やり抜くルーティーン

### 4　目標点数

| | 【自信】必ず | 【期待】できれば | 【結果】 |
|---|---|---|---|
| 国語 | 70 点 | 95 点 | [illegible] 点 |
| 社会 | [illegible] 点 | [illegible] 点 | [illegible] 点 |
| 数学 | 6[illegible] 点 | [illegible] 点 | [illegible] 点 |
| 理科 | 60 点 | 82 点 | [illegible] 点 |
| 英語 | 65 点 | 85 点 | [illegible] 点 |
| 音楽 | 55 点 | 82 点 | [illegible] 点 |
| 美術 | 55 点 | 95 点 | [illegible] 点 |
| 保体 | 55 点 | 80 点 | [illegible] 点 |
| 技家 | 30/25 点 | 42/40 点 | [illegible] 点 |

4　目標点数

### 5　アドバイスの記録

| 支援者 | 支援内容（アドバイス） |
|---|---|
| [illegible]川口先生 | 自[illegible]もっとも分かりやすく[illegible]をお願いします。はい。 |
| 家族 | 夜[illegible]30分から[illegible]下さい。 |
| 兄 | 目標点数、順位を教えて下さい。 |
| 友達 | どのようにして家庭学習に取り組んでいるか教えて下さい。 |

5　アドバイスの記録

「（株）原田教育研究所」の資料を参考に作成

## 資料3-2　テスト学習マイプラン（サンプル）

マイプランシート

6 学習・行動計画《記入例に従って計画を立て，登校後に前日の結果を色ペンで修正します》

6 学習・行動計画

| 記入例 | 国語 | 社会 | 数学 | 理科 | 英語 | 音楽 | 美術 | 保健体育 | 技術家庭 | 予定時間／実施時間 |
|---|---|---|---|---|---|---|---|---|---|---|
| 予定 | ① ② | | ②③ 塾 | | | ①② | | ① | | 4 |
| 実施 | 1（時間） | | 2 | | | 1 | | 0.5 | | 4.5 |

時間，分のどちらでもOK

| 日 | 曜日 | 学校行事等 | 国語 | 社会 | 数学 | 理科 | 英語 | 音楽 | 美術 | 保健体育 | 技術家庭 | 予定時間／実施時間 | 自分に一言 よかったこと |
|---|---|---|---|---|---|---|---|---|---|---|---|---|---|
| 3日 | 金 | マイプラン作成 | ① 漢字 2 ④ | | | ③④ ⑤① 2 1 | | | ⑥ 1 | | | 3 ③ | 何をやるか覚える。 |
| 4日 | 土 | | | | | | ⑥ 1 | | | | | ① | がんばろう ワーク丸つけをする! |
| 5日 | 日 | | | | 1 | | | | | | | ① | がんばろう ワーク解き進める! |
| 6日 | 月 | 放課後学習会 | | | ④ ④ 1 | ⑤ 0.5 | | | | ② 0.5 | | 2 ② | 予定通り実行できた。[illegible] |
| 7日 | 火 | | | ① ② 1 | | ⑥ ⑦ 1 | ① ② 1 | ① 0.5 | | | ⑥①① 1 | 3.5 4.5 | 予定以上実行できた。[illegible] 17.5 |
| 8日 | 水 | ノー部活動デー 14.5h | | | ⑦ 0.5 | | ① 0.5 | ② 0.5 | ④⑥ 1 | ① 0.5 | ① 0 | 4 2.5 | がんばろう [illegible]時間学習しよう。 |
| 9日 | 木 | 17.5h | | ⑤ [illegible] 2 | | ⑥ 0.5 | ③ 0.5 | ④⑥ 0.5 | | | ⑪2〜4 0.5 | 3.5 ③ | もう少し、できるものとできないものの区別をしよう。 |
| 10日 | 金 | | | | ①③ ⑤ | | | | ③ | ⑤ | | 3.5 | |
| 11日 | 土祝 | テスト前部活動中止 ↓ | | | | | | ⑨ | ⑤⑥ | ⑤③ | | 4 | |
| 12日 | 日 | | | | | ⑨ | ③ ⑤ | ④ | | | 家①〜③ | 5 | |
| 13日 | 月 | ※提出物確認 | ④ ○ | ⑥ | | ⑪ ○ | | | ①② | | | 5 | |
| 14日 | 火 | ①国語 ②美術 ③理科 | ③ | | ○ | ⑩ | | ①,⑥ | | | ○ | 3 | |
| 15日 | 水 | ①技家 ②数学 ③音楽 | | ③ ⑦ | ⑦ | | ○ | ⑥ | | | ① | 3 | |
| 16日 | 木 | ①英語 ②社会 ③保体 | | ④ | | | ④ | | | ○ | | 2 | |
| 17日 | 金 | 振り返り | 解 | 解 | 解 | 解 | 解 | 解 | 解 | 解 | 解 | 3 | |
| 学習時間の合計 | | | 時間 | 時間 | 時間 | 時間 | 時間 | 時間 | 時間 | 時間 | 時間 | | |

7 テスト学習の進み具合《色分けや斜線でチェックします》

| | ナビゲーション・シート「これだけはやることリスト」 | | | | | | | 自分で追加した学習メニュー（学習方法や内容などの記録） |
|---|---|---|---|---|---|---|---|---|
| 国語 | ① | ② | ③ | ④ | ⑤ | | | |
| 社会 | ① | ② | ③ | ④ | ⑤ | ⑥ | ⑦ | |
| 数学 | ① | ② | ③ | ④ | ⑤ | ⑥ | ⑦ | |
| 理科 | ① | ② | ③ | ④ | ⑤ | ⑥ | ⑦ | |
| 英語 | ① | ② | ③ | ④ | ⑤ | ⑥ | | |
| 音楽 | ① | ② | ③ | ④ | ⑤ | ⑥ | ⑦ | |
| 美術 | ① | ② | ③ | ④ | ⑤ | ⑥ | | |
| 保健体育 | ① | ② | ③ | ④ | ⑤ | | | |
| 技術 | ① | ② | ③ | ④ | | | | |
| 家庭 | ① | ② | ③ | ④ | ⑤ | | | |

ナビゲーションシート教科別番号

7 テスト学習の進み具合

②「3　やり抜くルーティーン」については，まず「やり抜く目標」を強くイメージさせ，家庭学習における場面を想起させながら記入させます。できそうな項目を考えさせますが，意欲がない場合は，教師から選択項目を与えることもあります。
③「4　目標点数」を設定させ，「5　アドバイスの記録」にアドバイスを受けたい項目も記入させ，自発的に指導を求めることについて意識化と行動化を促します。
④「6　学習・行動計画」については，個人差が大きいので，初期プランとし

**資料4－1　8つの力の解説・指導資料（主体的な学びを支える要因）**

1　目的・目標　≪未来を考える4つの観点≫

| 貢献・信頼・活性 | 学習の見えるゴール（数字や形に表れるもの） |
|---|---|
| •校長先生が，集会で私の勉強法を紹介にしてくれます<br>•担任の先生が「すばらしいクラスです」と自慢します<br>•友達が「よく頑張った」と笑顔でハイタッチしてくれます<br>•おばあちゃんが食事に連れて行ってくれます<br>≪自己肯定，自己有用感≫ | •私は，2週間で75時間，自宅で学習します<br>•私は，過去最高の学年17位の成績カードをもらいます<br>•私は，2週間で自学ノート30ページ制覇します<br>•私は，1年後○○高校に入学します<br>《学習計画の遂行》 |
| **称賛・応援・愛着** | **自信・感動・達成感** |
| •両親が私を，自慢に思ってくれます<br>•兄から一目おかれるようになります<br>•校長先生がニコニコになる<br>•クラスのみんなが，私の頑張りを知り，応援してくれます | •私は，テストが楽しみです<br>•私は，「やればできる」と確信します<br>私は，数学の苦手意識を克服し，達成感でいっぱいです<br>•私は，「やり抜くルーティン」が，自然にできます<br>《自己統制，自己効力感》 |

（横軸：周りの人，社会―私　縦軸：気持ち，心）

2　自己分析　心（メンタル），技（スキル），体（健康），生活など

| 成功・強みの分析（できていること，うまくいったこと） |
|---|
| •先生の話をよく聞いて，大切だと思ったことは付箋つけて，テスト勉強に役立てた<br>•授業でオレンジペンの使い方が少し上手になった<br>•問題集のできなかったところは，できるまで何回も挑戦した<br>•声に出して読んで，頭に入れた（8回読んで覚えて書く）<br>《メタ認知，学習方略の獲得》 |
| **失敗・弱みの分析（できていないこと，失敗したこと）** |
| •書かずに目で見るだけで覚えていたことが，テスト中に思い出せなかった<br>•数学で，前のテストと同じ問題を間違えた<br>•得意な教科の勉強にかたより過ぎた<br>•テレビに負けて，「やり遂げるルーティン」が実行できなかった日が何日もあった<br>•テストの前日だけ長く勉強したので，睡眠不足で力が出せなかった |

| 目標 | 私は，○○○年○月○日からの学年末テストで，780点で学年順位17位になり，クラスの友達と「やったね！」といってハイタッチしています。とても達成感でいっぱいです。ありがとう。 |
|---|---|

て大まかな計画を考えさせ，週末を区切りに計画の修正を考えさせます。

初期プランがうまく計画できない場合は担任から計画を提案することもあ

**資料4－2　8つの力の解説・指導資料（主体的な学びを支える要因）**

**3　やり抜くルーティーン《目的・目標を達成するために》**

| | | | ルーティーン・チェック（マイプラン作成日から） | | | | | | | | | | | |
|---|---|---|---|---|---|---|---|---|---|---|---|---|---|---|
| 【やり抜く】 | テレビやゲーム（SNS）は，テスト1週間前までは2時間以内，1週間前からは1時間以内にする。絶対！！ | | 8日 | 9日 | 10日 | 11日 | 12日 | 13日 | 14日 | 15日 | 16日 | 17日 | 18日 | 19日 |
| ルーティーン<br>【やり抜く】ために必ず実行する事 | ① | 家に着いたら，ナビやマイプランを見て，学習内容や方法の確認を，夕食まで済ませる。 | ○ | ○ | ○ | ○ | | | | | | | | |
| | ② | 夕食→お風呂→勉強1時間→休憩10分→勉強1時間を必ず実行する。（テレビは録画して後で見る） | △ | ○ | ○ | △ | | | | | | | | |
| | ③ | やる気を出すために，学習の準備や休憩の時間に「曲：ロッキーのテーマ」を聞く。（10分以内） | × | ○ | ○ | ○ | | | | | | | | |
| | ④ | 「夜10分，朝5分の暗記タイム」を実行する。 | × | × | ○ | ○ | | | | | | | | |
| | ⑤ | 部活動のない土曜日，日曜日は，お昼ご飯までに必ず3時間は勉強する。 | － | － | △ | ○ | | | | | | | | |

**4　目標点数**

| | 【自信】必ず | 【期待】できれば | 【結果】 |
|---|---|---|---|
| 国語 | 70点 | 75点 | 点 |
| 社会 | 80点 | 85点 | 点 |
| 数学 | 70点 | 80点 | 点 |
| 理科 | 60点 | 70点 | 点 |
| 英語 | 80点 | 85点 | 点 |

**5　アドバイスの記録《助けてもらえる自分》**

| 支援者 | 支援内容〈学習・行動計画の実現と学習方法の改善〉 |
|---|---|
| ○○先生 | 数学が苦手な人は，ナビの数学①②③については2回繰り返した方がいい。 |
| □□さん | 英単語と漢字は「繰り返し記憶法」のプリントを先生からもらって使った。 |
| お母さん | スケジュールをお母さんに伝えていたら，休憩時間に飲み物を持ってきてくれた。 |
| | |
| | |

「（株）原田教育研究所」の資料を参考に作成

ります。特に意欲や計画性がない生徒の場合には，学習内容・時間とも削減し，生徒に意思決定させるようにします。少ない学習内容・時間であっても自分で決めた計画ができたという達成感，成功感を味わわせることが重要です。

**資料5　テスト学習マイプラン『8つの力』**

定期テストマイプラン　自己評価『8つの力』①

### 学習意欲

★あなたは，定期テストの学習に意欲的に取り組みましたか。

□「やる気（モチベーション）」のスイッチは人それぞれ
◇「わからない」ところが，「わかる」ようになりたい
◇ 興味や関心があることを，もっと探求したい
◇ 成績を上げたい
◇ 自分の可能性を高めたい・広めたい
・将来○○○になりたい
・社会で活躍して，人の役に立ちたい
◇ 自立し，豊かな人生を送りたい

定期テストマイプラン　自己評価『8つの力』②

### 計画性

○あなたは，自分にあった学習計画を立てることができましたか。

□ 計画とは「段取り，流れ」のことです
◇「こうすれば，こうなるはずだ」，「ここまではできるはずだ」という予測や期待を込めて計画します
◇ 実行しながら必要に応じて修正します
□ 自分に合った（効果的で実行可能な）計画のために！
◇ スタートライン（今の自分）を理解している
◇ 可能な学習時間がわかっている
・学習，休息，調整のための自由時間
・具体的な学習方法がイメージできている

定期テストマイプラン　自己評価『8つの力』③

### 授業の受け方

○あなたは，授業中真剣な態度で取り組み，学習内容を理解するように努力できましたか。

□ 授業を大切にするわけ
◇ 授業で理解する（質問する）
・「わからない」ことを知ることも「わかる」ことの第一歩
◇ 知識や技能を活用して，より深く探求する
◇ 自分の考えを表現したり，友達の意見や考え方を聞くことで理解を深め広げる
◇ 授業を振り返り，復習や予習，テストをつないでいく

定期テストマイプラン　自己評価『8つの力』④

### 覚え方・考え方

○あなたは，学習の仕方やノートのまとめ方など，理解が深まる工夫をしながら取り組めましたか。

□ 授業ノートのとり方やまとめ方を工夫
◇ 理由を考えながら読んだり，解いたりする
◇ 大切なところを意識しながらまとめる
・オレンジペン　・アンダーライン　・ちょっとメモ
□ まるつけからが勉強
◇ 得意（好き）な問題ばかりを繰り返していないか
◇ 問題を解いてもまるつけをしない，あるいはまるつけまでで学習が終わっていないか
□ 覚え方（効率よく覚えるため）の工夫

定期テストマイプラン　自己評価『8つの力』⑤

### テストの受け方

○あなたは，教科ごとに自分なりの「目標」を決めることができましたか。（得点や学習時間など）

□ 上手なテストの受け方
◇ 得意教科，苦手教科を意識して学習に生かす
・なぜ得意（好き）なのか，なぜ苦手（嫌い）なのか
◇ これまでのテスト学習の振り返りを生かす
・どうやって苦手を克服したのか
・なぜ同じミスを繰り返すのか
◇ 答案を問題ごとに振り返る
・○○をしたからこの問題はできるようになった
・○○についてよく理解していなかった

定期テストマイプラン　自己評価『8つの力』⑥

### がんばる力（自己効力感）

○あなたは，自分の「目標」を意識し「やればできる」と信じて，最後まで努力できましたか。

□ 成功のコツは，身近な目標を順にクリアしていくこと
□ 自信（期待・信念・確信）をもちましょう
◇「やり遂げた」，「成功した」体験を思い出そう
◇ 親や友達の経験を参考にしよう
◇ みんな応援してる
◇ 失敗を恐れる必要はない

【名言】
「できると思うにせよ，できないと思うにせよ，そのとおりになる。」　ヘンリー・フォード

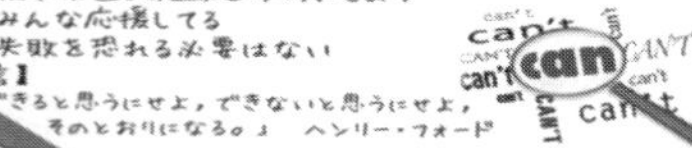


定期テストマイプラン　自己評価『8つの力』⑦

### やり抜く力 つづける力（自己統制）

○あなたは，自分で決めた「やり抜くこと」を守り，毎日の努力をつづけることができましたか。

□「やり抜くこと」は自分で決めます
□「やり抜くこと」で，大切なことを得られるはずです
□ 達成するための仕組みをつくります
◇『やり抜くルーティン』例「○○の後は必ず机につく」
◇ 記録と評価（ルーティンチェック，自分に一言）
例「よくやってるよ」「この調子」

【名言】
「やる気があるときなら，誰でもできる。本当の成功者は，やる気がないときでもやる。」
ドクター・フィル

定期テストマイプラン　自己評価『8つの力』⑧

### 振り返る力（メタ認知）

○あなたは，「目標」達成に向けた取り組みについて，自分を振り返ることができましたか。

□ 自分の学習の過程や結果を客観的（第三者的）にみつめることで，自分をより正しく知ることができます
□ 新たな「目標」や「計画」を，より自分にあった（効果的で実行可能な）ものにするための大切な知識（資料）になります
□ 社会で活躍できる人は「主体性」が高い人です
◇「主体性」とは
「自分の意志や判断・責任で行動する」こと
◇「主体性」に欠かせないのが「振り返る力」だと言われています

⑤「7　テスト学習の進み具合」について，適宜，振り返らせ自己チェックするよう促します。学習に意欲がもてない，学習習慣が定着していないなど，学習不適応の状態にいる生徒のほとんどは，「学習性無力感」が主な原因であると考えています。小さな成功体験を積み重ねることで学習意欲や学習習慣の定着につなげたいと思います。時間がかかりますが，３年間のスパンで「主体変容」を通して「主体的に学習に取り組む態度」を育成し，自己実現，進路実現を達成させることをめざしています。

### (2)「テスト結果個人累積システム」の開発と活用（名称：Marks）

#### ①　目　的

学んだ結果（テスト結果）と学ぶ力（主体的な学びを支える資質・能力）を累積して表記することにより，自己評価・自己理解・自己改善等に関する理解を深めさせ，主体的に学ぶ力（セルフマネジメント力）の育成を図ることで，個性の伸長と学力の向上をめざします。

テスト学習支援プログラム（テスト学習マイプラン）の一貫として，Marks：テスト結果個人累積システムを活用することで，主体的に学習する資質・能力（学習を支える内的要因）を育成するサイクルを継続して実施し学力の向上を図ります。

#### ②　期待する効果

○学ぶ力（主体的な学びを支える資質・能力）を計画的，継続的に育成することで，学んだ結果（テスト結果）も向上する。

○学習の仕方（方法知）に関する知識・理解や，学習の取り組みとテスト結果の振り返り（自己評価）を深める指導，支援により，学習意欲や学習習慣を育成できる。

○テスト学習支援プログラムを計画的，継続的に実施することにより，テスト学習に関する主体的な取り組み（セルフマネジメント）を定着，向上させることができる。

○テスト学習支援プログラムとテスト結果個人累積システムを計画的，継続的に取り組むことで，OECD キーコンピテンシーや，キャリア教育における「基礎的・汎用的能力」の育成にもつながる。

※ OECD（経済協力開発機構が提案した）キーコンピテンシー（主要な能力）

「②自立的に行動する能力」

…B項目「人生設計や個人の計画をつくり実行する能力」

・計画を決め目標を定める。

・自分が利用できる資源を知り現状を評価する。

・目標の優先順位を決め整理する。

・目標に照らして資源のバランスをとる。

・過去の経験を参考に計画を立てる。

・進歩をチェックし必要な整理を行う。

※キャリア教育における「基礎的・汎用的能力」

・「自己理解・自己管理能力」

…自らの思考や感情を律し進んで学ぼうとする力

・「課題対応能力」…課題を発見，分析し計画を立て課題を解決する力

○ Marks：テスト結果個人累積システムの個人表により，教師と生徒が学習の結果や経過について振り返りを深め，個々の改善方策を考える資料として活用することで，教師の生徒理解，生徒の自己理解が深まる。

○保護者面談等における成績資料や進路指導資料として活用することで，生徒および保護者の理解が深まり，学習状況の改善や進路実現にむけた改善に役立つ。

### ③ 内 容

○ Marks：テスト結果個人累積システムは，個人のテスト結果（得点・順位・学習の自己評価）について表やグラフに表示し，中１～中３までの結果を累積して表示する資料である。

○学ぶ力（主体的な学びを支える資質・能力）を自己評価内容（８つの力）に

定義する。

○自己評価内容（８つの力）は，４段階評価で表示する。

○学ぶ力（主体的な学びを支える資質・能力）は，AAI：学習適応性検査の「学習を支える要因」から引用し，生徒の実態に応じて平易な言葉で表示した。

①学習意欲 …（テスト学習に意欲的に取り組んだか）

②計画性 …（自分に合った学習計画を立てたか）

③授業の受け方 …（授業中真剣な態度で学習内容を理解する努力はできたか）

④覚え方・考え方 …（学習の仕方やノートのまとめ方など理解する工夫ができたか）

⑤テストの受け方 …（教科ごとに目標を決めたか）

⑥がんばる力【自己効力感】…（目標を意識して努力できたか）

⑦やり抜く力【自己統制】…（やり抜くことを守り努力できたか）

⑧振り返る力【メタ認知】…（目標の達成状況について振り返りができたか）

○システムの基本入力シートに各種データを入力することで各種帳票が表示される。

各種データ項目は各学校が工夫して項目を決定できるようにしている。

**④　Marks：テスト結果個人累積システムの活用**（次ページ以降**資料６～８**）

**【上位・中位・下位の特徴と指導のポイント】**

○成績上位群

特徴

・自己評価と学年順位が高いレベルで安定していることが多い

・自己評価と学年順位の相関が高い場合が多い

指導のポイント

・自尊心が高いので尊重，称賛の配慮

（自尊心が低い場合は振り返りの適性化指導）

・高い能力に応じた学習方法の改善に係る指導

○成績中位群

特徴（向上群と低下群の二極化傾向）

・自己評価と学年順位がともに向上している場合は，それぞれの相関が高く，自己評価が高めで安定している。

・自己評価と学年順位がともに低下している場合は，それぞれの相関が不安定で自己評価も低下している。

指導のポイント

・向上している場合は，達成感・自己肯定感の醸成（賞賛，励まし）。

・自分に合った目標設定や計画に関する指導。

・低下している場合は，具体的な学習方法の個別指導。

・自己効力感（がんばる力）・自己統制力（やり抜く力）の強化。

**資料6**　生徒用 Marks：テスト結果個人累積システム（説明表）

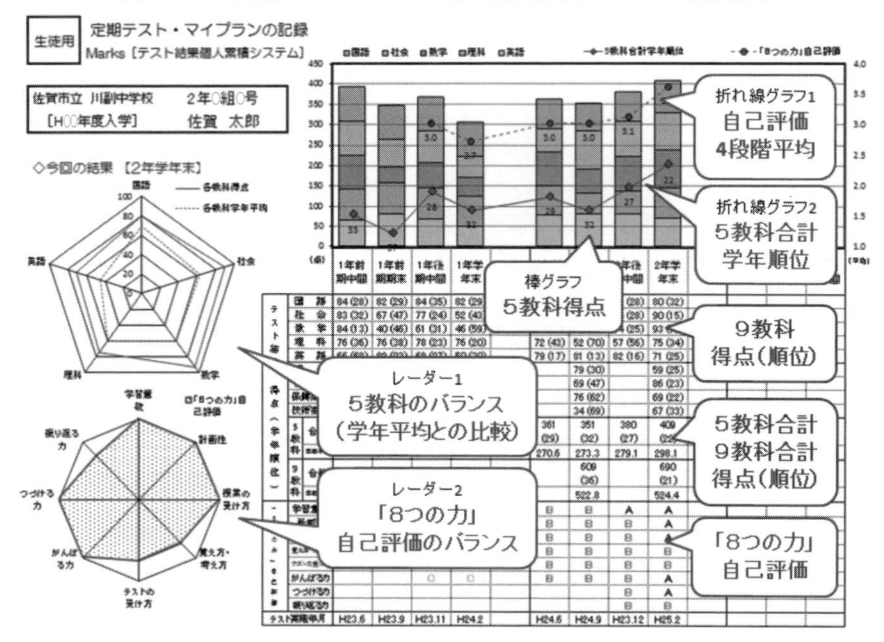

○成績下位群

特徴（向上群とさらに低下する群の二極化傾向）

・自己評価と学年順位がともに向上している場合は，それぞれの相関が高く，自己評価が高めに推移している。

・自己評価と学年順位がともに低下している場合は，それぞれの相関が不安定で，成績と自己評価がさらに低下している。

指導のポイント

・生徒理解を深める（成績下位，学習意欲がない原因や背景の見取り）。

・自己肯定感が低いので賞賛，励ましと，小さな成功体験の獲得指導。

・具体的な学習方法の個別指導。

**資料7　教師用 Marks：テスト結果個人累積システム（中学校サンプル）**

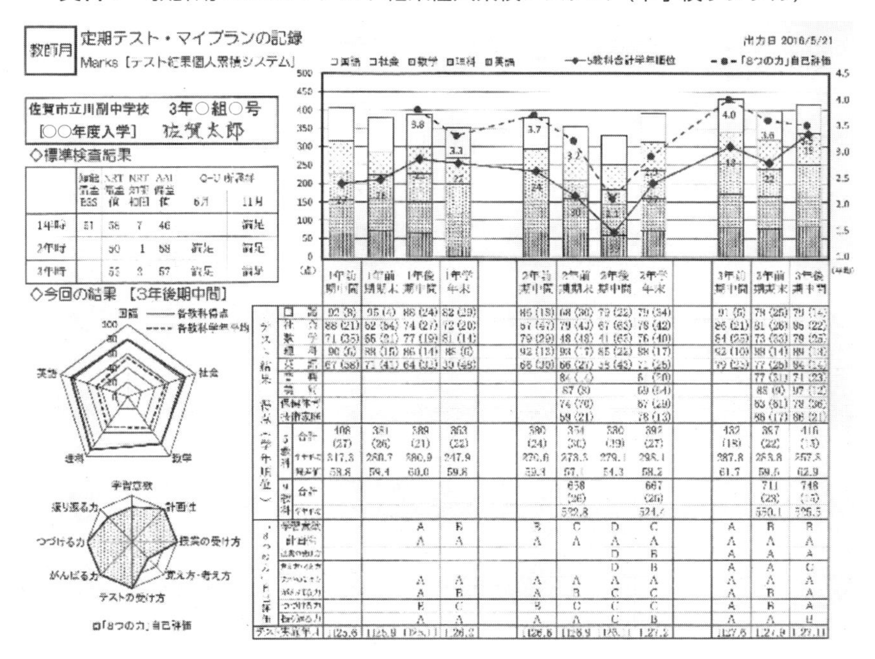


| | 知能偏差 BGS | NRT 偏差値 | NRT 知能 | AAI 偏差値 | Q-U 6月 | Q-U 11月 |
|---|---|---|---|---|---|---|
| 1年時 | 51 | 58 | 7 | 46 | | 満足 |
| 2年時 | | 50 | 1 | 58 | 満足 | 満足 |
| 3年時 | | 55 | 3 | 57 | 満足 | 満足 |

| | 1年前期中間 | 1年前期期末 | 1年後期中間 | 1年学年末 | 2年前期中間 | 2年前期期末 | 2年後期中間 | 2年学年末 | 3年前期中間 | 3年前期期末 | 3年後期中間 |
|---|---|---|---|---|---|---|---|---|---|---|---|
| 国語 | 92 (8) | 95 (4) | 88 (24) | 82 (29) | 86 (18) | 68 (30) | 73 (22) | 79 (34) | 91 (6) | 78 (25) | 79 (14) |
| 社会 | 88 (21) | 62 (54) | 74 (27) | 72 (20) | 57 (47) | 79 (43) | 67 (63) | 78 (42) | 86 (21) | 81 (26) | 86 (22) |
| 数学 | 71 (35) | 66 (21) | 77 (19) | 81 (14) | 79 (29) | 48 (48) | 41 (63) | 76 (40) | 84 (25) | 73 (33) | 79 (25) |
| 理科 | 90 (6) | 88 (15) | 86 (14) | 86 (6) | 92 (13) | 93 (17) | 85 (22) | 88 (17) | 92 (10) | 88 (14) | 89 ([illegible]) |
| 英語 | 67 (38) | 71 (41) | 64 (32) | 39 (46) | 66 (30) | 66 (27) | 35 (43) | 72 (25) | 79 (23) | 77 (25) | 84 (14) |
| 音楽 | | | | | | 84 ([illegible]) | | [illegible] (50) | | 77 (31) | 71 (23) |
| 美術 | | | | | | 87 (8) | | 69 (64) | | 88 (9) | 97 (12) |
| 保健体育 | | | | | | 74 (70) | | 67 (28) | | 83 (51) | 78 (36) |
| 技術家庭 | | | | | | 59 (21) | | 78 (13) | | 88 (17) | 86 (21) |
| 5教科 合計 | 408 (27) | 351 (26) | 389 (21) | 363 (22) | 380 (24) | 354 (30) | 330 (39) | 392 (27) | 432 (18) | 357 (22) | 416 (13) |
| 5教科 平均点 | 317.3 | 260.7 | 380.9 | 247.9 | 270.6 | 273.5 | 279.1 | 295.1 | 387.8 | 253.8 | 257.5 |
| 5教科 偏差値 | 58.8 | 59.4 | 60.0 | 59.8 | 59.3 | 57.1 | 54.3 | 58.2 | 61.7 | 59.5 | 62.9 |
| 9教科 合計 | | | | | | 658 (26) | | 667 (26) | | 711 (28) | 748 (13) |
| 9教科 平均点 | | | | | | 592.8 | | 524.7 | | 550.1 | 595.5 |
| 学習意欲 | | | A | B | B | C | D | C | A | B | B |
| 計画性 | | | A | A | A | A | A | A | A | A | A |
| 授業の受け方 | | | | | | | D | B | A | A | A |
| 覚え方・考え方 | | | | | | | D | B | A | A | C |
| テストの受け方 | | | A | A | A | A | A | A | A | A | A |
| がんばる力 | | | A | B | A | B | C | C | A | B | A |
| つづける力 | | | B | C | B | C | C | C | A | B | A |
| 振り返る力 | | | A | A | A | A | C | B | A | A | B |
| テスト実施年月 | 1125.6 | 1126.9 | [illegible] | 1.26.2 | 1126.6 | 1126.9 | [illegible] | 1.27.2 | 1127.5 | 1.27.9 | 1.27.11 |

（教師用帳票には，左上部に標準検査の主な結果を表示している）

・特に自己統制力（やり抜く力）の援助指導が継続的に必要。

### （3）本校の学習指導における指導のポイント（脳科学・心理学の知見から）

本校独自の学習指導における基本的な考え方は以下のとおりです。

①生徒一人一人の学び方の特性（学びの良し悪し）を診断する。

②生徒一人一人の学びの実態にマッチングする指導や援助の方法を考える。

③学び方の改善指導では，生徒と教師の合意の形成を図り意思決定を促す。

④深い生徒理解とカウンセリング的な指導，援助を心がける。

これらの背景には，学習の仕方の良し悪しが学業成績に影響し，学習法の改善をすると学業成績にも良い影響をあたえること（辰野 2006），非認知能力の

**資料8**　研究構想図

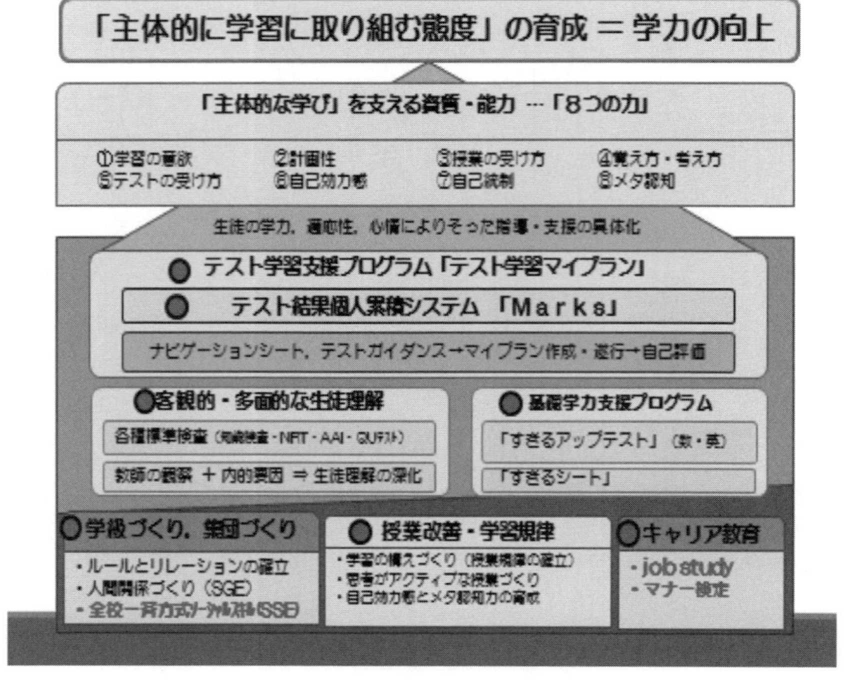

育成は認知能力の形成を助け，非認知能力は，将来の年収・学歴等の成果に大きく貢献すること（中村 2015），学力低位群の主な特徴として「学習性無力感」を抱えていると考えられること（ダックワース 2016），知能や資質は努力で伸ばせるという強い信念をもち，自分を向上させるために成功するまで何度も挑戦する意思が大切で，教師は，「やればできる」という信念をもって指導することが重要であること（ドゥエック 2016）などを参考にしています。

**（4）学校全体で取り組む「主体的に学習に取り組む態度」の成果と課題**

**①　これまでの成果**

○生徒理解の「見える化」…標準検査により，見えにくい内的要因を客観的，多面的に把握し，日々の教師観察と併せて，学年，学級集団や生徒個々の状況に応じた指導の工夫，改善が，効果的にできるようになってきました。

○全生徒の内的要因と主な変容について，全職員が共有することができ，職員による縦横の情報伝達と共通理解が深まってきました。

○「深い生徒理解 ⇒ 診断的評価の向上 ⇒ 個に応じた指導の充実」のような指導の流れが確立してきました。

○主体的に「P：目標設定，計画立案 → D：テスト学習 → C：テスト結果とテスト学習の振り返り → A：改善策の検討」に取り組ませることで，学習状況を自己管理するセルフマネジメント力が向上してきました。

○主体的な学びを支える資質・能力として，定義「８つの力」について，具体的な指導を組織的，継続的に行うことや，生徒の適応状況等に応じて個別指導を深めることで，自己評価能力を高めることができるようになってきました。

○ Marks：テスト結果個人累積システムにより自己評価を「見える化」することで自己改善の推進状況が明確になり，効果的に「主体的に学習に取り組む態度」を育成する基盤づくりが確立しました。

○学んだ結果（テスト結果）と学ぶ力（８つの力の自己評価）を累積表記した Marks：テスト結果個人累積システムは，自己変容，自己改善等が「見える化」され，多面的で連続的に自己理解を深める成績資料として有効に活用されています。このことでメタ認知やセルフマネジメント力の育成にも効果が期待できると考えています。

特に，自己効力感（がんばる力），自己統制（やり抜く力），メタ認知（振り返る力）の育成により，結果の振り返りから主体的な自己改善につなげようとする場面が多く見られるようになりました。

○平成28年度 Marks：テスト結果個人累積システム（中学３年生）の状況（自己評価と学年順位の相関関係）

・自己評価（平均値）と学年順位が同調して変容した割合（上下動）
　定期テスト11回（変容10回）… ４回以上 94.7%・５回以上 87.7%
・自己評価（平均値）と学年順位が同調して向上した割合（向上のみ）
　定期テスト11回（変容10回）… ４回以上 40.4%・５回以上 20.2%
・自己評価（平均値）と学年順位の相関…（統計学の視点で検証）
　相関係数0.66（一般には0.7以上でかなり強い相関と言われる）

このことから，生徒自身が自己評価を向上させる学習の取り組みにより，成績を向上させることができるという考え方や体験を得ていることがいえると考えています。さらに，「成長志向のマインドセット」や「ＧＵＲＩＴ：やり抜く力」等の知見に基づき，「主体的に学習に取り組む態度」の育成を通して自己実現する力をも育成することができると強く感じています。

○テスト学習支援プログラムとテスト結果個人累積システムの取り組みは，生徒の「主体的に学習に取り組む態度」を育成することを通して，生活面や学習面を含め総合的に生徒の成長を促し，主体的に自己実現する力も向上させることができると期待しています。

○キャリア教育，生徒指導，学力の向上等の取り組みが往還し，「主体的に学習に取り組む態度」の育成を通して，総合的に自己実現する力の向上を図る基幹的なシステムとして有効に活用していきたいと思います（各資料の詳細は，川副中学校ホームページを参照）。

### ② 各種の指標にみられた変化

生徒の変容についてですが，AAI学習適応性検査の結果は，取り組みを始めた当初は全国平均の50を下回っていましたが，**表1**をみると，その後大きく改善したことがわかります（平成28・29年度は全国平均に比べて有意に高くなっています）。

**表1**　AAI学習適応性検査の結果

| 年度 | AAIの偏差値（中3） | |
|---|---|---|
| 平成26 | 49.6 | n.s. |
| 27 | 51.2 | n.s. |
| 28 | 55.4 | ** |
| 29 | 53.8 | ** |

**$p$<.01

また，この間のテスト学習マイプラン自己評価の向上（平成25年度から全項目平均＋8.25％），hyper－QUの学級生活満足群は平成25年度から全学級平均55.4％→69.3％で＋13.9％となっています。

学校評価のアンケート回答においても大きな向上がみえます。例えば「川副中学校はみんなに信頼されている学校だと思いますか」の質問については，「とてもそう思う」＋「だいたいそう思う」の合計で，生徒回答平成25年度56％から平成29年度93％へ増加しました（＋37％）。同様に保護者回答平成25年度55％から平成29年度85％へ増加しました（＋30％）。なお，平成25年度から生徒全項目平均＋23.1％，保護者＋26.2％など，学習面を含め学校生活全体に顕著な効果が認められています。

さらに，本校を卒業した後の高校生活への影響ですが，（佐賀県の高校退学者数はそれほど多くはありませんが），退学者の推移も減少傾向にあります。2013年度卒業生６名（4.29％），2014年卒業生４名（3.10％），2015年度卒業生２名（1.29％），2016年度卒業生は０名となっています。このことは，本校での取り組みが，総合的に生徒の成長を促し，主体的に自己実現する力を向上させ，上級学校での学習面，生活面への適応を促しているという側面も有していると考えられます。

### ③ 今後の課題

今後もこれまでの取り組みを検証と改善するとともに，指導事項の重点化と共通化を図り，実証的な研究実践を推進することで多くのエビデンスを得たいと考えています。

今後の課題として，教科指導における「主体的に学習に取り組む態度」を育成するために，「単元計画表」の改善と，生徒による「毎時間の学習の記録」の開発を予定しています。

**【参考文献】**

辰野千壽『AAIハンドブック』図書文化社，2006
中室牧子『学力の経済学』ディスカヴァー・トゥエンティワン，2015
アンジェラ・リー・ダックワース『ＧＲＩＴ：やり抜く力』ダイアモンド社，2016
キャロル・Ｓ・ドゥエック『マインドセット』草思社，2016
（各資料の詳細は，川副中学校ホームページを参照してください）

## 監修・執筆者一覧

■監修
■ PART 1

文部科学省 初等中等教育局 教育課程課 教科調査官
国立教育政策研究所 生徒指導・進路指導研究センター 総括研究官
**長田　徹**

■特別寄稿

広島県教育委員会 教育長
（神奈川県横浜市立中川西中学校 前校長）
**平川　理恵**

■ PART 2

佐賀県上峰町立上峰小学校 校長
（佐賀県佐賀市立小中一貫校芙蓉校 前校長）
**牟田　禎一**

佐賀県みやき町立中原中学校 教諭
（佐賀県佐賀市立小中一貫校芙蓉校 前教諭）
**石原　紳一郎**

■ PART 3

岩手県大船渡市立大船渡中学校 校長
（岩手県八幡平市立寺田小学校 前校長）
**佐藤　謙二**

高知県土佐市立土佐南中学校 校長
（高知県須崎市立南小中学校 前校長）
**二宮　弘**

佐賀県佐賀市立川副中学校 校長
**池之上　義宏**

（執筆順，2018年6月末現在）

# カリキュラム・マネジメントに挑む

## 教科を横断するキャリア教育，
## 教科と往還する特別活動を柱にPDCAを！

2018年9月1日　初版第1刷発行　［検印省略］

監修者　©長田　徹
発行者　福富　泉
発行所　株式会社　図書文化社
〒112-0012　東京都文京区大塚1-4-15
Tel. 03-3943-2511　Fax. 03-3943-2519
振替　00160-7-67697
http://www.toshobunka.co.jp/
組　版　株式会社 Sun Fuerza
装　幀　中濱健治
印刷・製本　株式会社 厚徳社


ISBN　978-4-8100-8709-3　C3037